50過ぎたら、暮らしは単純、気持ちは豊かに

沖 幸子

祥伝社黄金文庫

わが家では、大掃除はしない。
でも、暮らしを単純にラクにするため、
〝毎日の小さな気配り〟を
モットーにしています。(P58)

ドイツ人は、よく
〝床にものがあるとお金が貯まらない〟、
と言います。
銀行やスーパーなどはもちろん、
自分の家の床にも気を配ります。(P80)

汚れはためずにすぐ処理すれば、
簡単にきれいになります。
時間も手間もかかりません。
これぞ、科学的単純家事です。(P100)

私の経験で、
探しものをしなくてすむ、
一番成功率の高い方法は、
ものの置き場所、つまり
〝ものの住所〟を決め、しっかりと
記憶にとどめることです。(P110)

一日の行動目標は
せいぜい二個まで。
優先順位で決めます。(P125)

疲れているから、面倒だからと
自分を甘やかす前に、
さっさと片づける習慣を
手に入れることです。(P141)

わずかですが収入も得られ、
ありがとう、と
人から感謝される働き方は、
人生の後半を迎えた
〝黄金の老後〟を
空費させないために大切です。(P152)

食卓に並べた野菜料理が
五色パレットのように色が
そろっていればいいだけ。
慣れれば、目が覚え、意識せずに
できるようになります。(P183)

朝起きて、両手を広げ、
新鮮な空気を
身体いっぱいに吸いながら、
今日も元気で
新しい朝を迎えられました、と
感謝をする。これだけでも
幸せな気分になります。(P216)

親しき中にも礼儀あり。
若いころは、
何でもストレートにものを
言ってきた相手にも
少し気持ちに距離を置いて
付き合うようにしたいものです。(P242)

プロローグ

「後半の人生を決めるのは、これまで自分が身につけた習慣によるもの」

ロシアの作家ドフトエフスキーが作品の中で語っています。

まだ若いころに何気なく読んだ本の中の言葉が気になり、メモしていたのですが、年を重ねた今、なるほどと納得するようになりました。

人生も後半にさしかかり、残り少なくなった自分のこれからの余生、自分なりに良い習慣ならまだしも、過去の悪癖を言われてもどうしようもないと開き直るのもいいのですが、何歳になっても遅くない、少しの努力、あるいは心の持ち方で、より充実した方向へと変えられるかもしれません。

老後資金二〇〇〇万円が必要だと言われ、蓄えのある人もない人も様々な不安や焦燥を覚えることがあるかもしれません。

人それぞれの暮らし方があります。だから、お金に関する情報を無視したり無関心を装うのではなく、むしろ自分の暮らしを見つめ直すいい機会ととらえることです。

環境や情報に左右されることなく、少しでも今の暮らし方をもっと簡単に単純にできる方法はないかを考えてみるのです。

自分自身の〝暮らし方改革〟です。

これからの人生を〝わかりやすく単純〟に生きるのです。

人類がスタートしたころ、貨幣も便利な道具も複雑な情報も、もともと何もありませんでした。人類の進化による現在のあらゆる発明は、人間生活をもっと便利に幸せにしたいという単純な想いから始まっているのです。

皮肉なことに今は、その便利さが人間生活を複雑にし、不安にさせているのも事実です。

今ここで、その流れにちょっと逆らって立ち止まり、自分なりの人生を豊かに暮らしやすくする方法を見つけることも大切です。

〝単純に暮らす〟ことは、〝古き良き時代〟に帰るのではなく、自然や便利な道具、現代文明を享受しながら、これまでの人生の知恵や経験を使い、ムダな贅肉を落として心も身体《からだ》も健《すこ》やかにすることです。

〝暮らしを単純にする〟知恵は、その気になればあなたのまわりに面白いほど見つかります。暮らしの中に、あなたの心に、人間関係に、お金と時間に。

この本が、その勇気と方法を見つけるのに少しでも役に立てれば幸いです。

沖幸子

目次

2章

単純に持つ　ものとの関係をスッキリ！　73

3章 単純に使う 時間とお金の流れをスムーズに 123

4章　単純に生きる！ 健康、心、人間関係　173

写真　半田広徳
スタイリング　沖幸子
デザイン　五十嵐久美恵 pond inc.

少しずつ集めたお気に入りの花柄のマイセンのコーヒーカップ。その時の気分によって選ぶ楽しみも。家族用と来客用に食器を分けないことも単純に暮らすコツ。

楽器は心が癒《いや》されます。もっと上手く弾けるようになりたい、は永遠のテーマ。年を重ねたら、自分が楽しくなる時間を見つけたいものです。

飾る画《え》は気に入ったものを。テーマも好きな花と決めています。

知恵を働かせれば、掃除機がけも週1回で清潔な空間を保てます。

気に入ったものや家具に囲まれた空間は、心を柔らかく包んでくれます。

独り静かなお茶の時間は、どんな時でも心が温まる瞬間。

大事にしていた萩焼の急須。ふたが割れても、一輪挿しにすることで蘇《よみがえ》ります。キッチンの窓際にさりげなく。

ドイツで見つけた紙製のメモ入れ。いろいろなメモ用紙を入れ、相手の顔を想いだしながら選び、感謝をこめ、ペンを走らせます。

長年愛用している手帳。中身を差し替えるだけで、便利な“戦友”です。

1章

単純に暮らす

家事の賢人、それは「単純」な暮らしへの近道

まず整理整頓

家事はただ手抜きをするのではなく、効率的にできる方法を考え、それらを習慣化すれば、家事はもっと単純になり、時間も労力も短くなり、心も軽くラクになります。

家事が単純になれば、自分のための時間も増え、人生にゆとりが生まれます。


単純な家事とは、惰性や感覚ではなく、〝科学的な家事〟をすることです。

そのための基本は、上手な整理整頓。

整理整頓が上手で、日々の家計の数字に強く、そして健康に関心がある人は〝老後貧乏〟にならないそうです。

確かに、ドイツにも「整理整頓された暮らしは、それだけで人生の半分は達成されている」という諺《ことわざ》もあります。


整理上手な人は、ものが整理整頓されているので、掃除にも時間がかからず、効率よく手早く家事を終えることができます。

いつもきれいな家には新鮮で快適な空気が流れるので、あれもこれもというイライラからも解放されます。

心が穏やかで豊かなら、ものへの欲求からも解放されます。

人生すべてが単純になり、うまくいくのです。

〝整理整頓〟については次章で詳しくお話ししたいと思います。

小さな家事は毎日やりましょう

好き嫌い、年齢にかかわらず家事は毎日やらなければいけないこと。

顔を洗ったり歯を磨いたり、食事をするのと同じくらい大切な習慣です。

完璧な家事は必要ありません。

汚れをきれいにしたり、ゴミを拾ったり、ちょっとした小さな気配りでも立派な家事ですから。

科学的な家事習慣が身につけば、限られた24時間にもっと余裕が出て、自由時間が増え、好きなことができる時間が増えます。

家事は、生きていく上での大切な習慣ですが、すべてではありません。

家事は、仕事以外の好きなことをして快適な時間を増やすための手段です。


若いころは、週三回掃除機をかけていましたが、最近は、体力と汚れ度を考え、週一回と決め、あとは週一回、モップで床を拭《ふ》いたりするだけ。

これだけで、家も清潔になり、掃除を怠《なま》けていない安心感と達成感があります。

掃除機の肉体的苦行や床の汚れの心配から解放され、心と身体《からだ》にゆとりが出てきました。

もちろん、気づいた汚れは決してためないと決めています。

掃除をしない残りの日は、片付いた状態を維持するように心がけるだけ。

完璧でなくても、そこそこ片付いて清潔なわが家ほど、ほっとして幸せを感じる場所はありません。

私自身、もともと家事上手だったわけではありません。

上手な家事も下手な家事も多くの失敗も経験してきました。

失敗と成功を積み重ねながら、家事上手になる知恵をいろいろ工夫してきたのです。

今はその習慣をこれからの人生に活用し、家事以外の自由な時間を謳歌《おうか》し、豊かで健《すこ》やかな日々を送りたいものです。


これから整理整頓に挑戦するからと言っても、無理は禁物。

肩の力を抜きましょう。

整理魔や掃除魔になることや、完璧主義は、家事嫌いや高齢ならなおさら、心が疲れます。

身の丈《たけ》に合った上手なやり方で、〝**まあまあ**〟きれいなら、**あとは自分も汚れも許し認める大きな心も大事**です。

家事を単純にする習慣

考えてから動く

毎日の家事労働の中で、考えてから動くことはとても重要。とくに、高齢者にとっては、脳トレーニングにもなり、認知症予防にもなり、将来へのムダな不安も解消します。

何をどうするかを脳で考えてから、身体を動かす。ただし考え過ぎて、〝身体がついていかない〟ことだけは避けましょう。めんどうだからと〝手抜き〟家事をすることがありますが、これは、何をするかを考える前に惰性で身体が動いていることが多く、労力も体力も時間もムダにしていることが多いもの。

お湯を沸かしたら、さっとケトルを拭いておく。

キッチンのシンクや調理台は、汚れたらすぐ拭く。

なぜこの拭く動作が大切なのでしょうか。考えてみましょう。

このたった何十秒かの家事労働のおかげで、ケトルはいつもきれい、あえて汚れを取るための掃除や手入れも要りません。

余熱があるうちなら、ついた汚れも簡単に取れます。

この何十秒の動作の積み重ねが時間や労力の短縮につながるのです。


これらの習慣を自分のものにするのに、私自身、ずいぶん時間がかかりました。

慣れるまではいろいろ考える時間がムダに思えましたが、身についてしまえば科学的な家事は、何時間もの節約につながることもわかったのです。

さあ、今日から考えてから動きましょう。

この習慣は少しだけ脳トレをするつもりでやればできるようになります。

やがて、短い人生で、いかに多くのムダな時間や労力を家事に費やしていたかに気づくことでしょう。

自分の動作を意識してみる

私は、これまで何十年も仕事と家事の両立に悩み、あれこれ試行錯誤《しこうさくご》してきましたが、確信を持って言えることがあります。

それは、効率的にてきぱきと行動する人は、自分の動きを意識しているということ。いったん習慣化してしまえば、他人には機械的に何も考えていないように見えますが、実は、ロボットのように脳の中に意識した自分の行動が組み込まれているのです。

家事を単純に、効率的にこなすには、自分の普段の行動を観察、意識して見ることから始まります。

例えば食後の片付け。

テーブルと台所を何度も往復していませんか。

ホテルなどのレストランで働くプロのウエイターやウエイトレスの手さばきは、とても参考になります。

テーブルの食器を片付けるのに両手を使って、上手に一回ですませています。目的のために両手をどう効率的に使うかを意識し、それを習慣化しているのです。やがて何度も同じことを繰り返すうちに、両手がいつも助け合いながら機能する動きを習慣にしてしまったのです。

普段の生活でも、携帯電話を使いながら、もう一方の手で普段見落としているホコリを払ったり拭いたりできます。

右手で歯を磨いているとき、もう片方の手が遊んでいないかどうか。右手で歯を磨き、左手で鏡を拭いたり、洗面台の汚れをきれいにすることもできます。

一度の動作で数種類の作業をする

つまり一石《いっせき》二鳥《にちょう》の精神です。

少ない動作で作業を終える工夫や知恵を働かせます。

こうすれば、労力も時間もかからず、家事の単純化につながります。

しかもきれいになった達成感があり、効率的な成果が期待されます。

私は、宅配便の荷解きをしながら、必ず段ボールや包み紙をたたんで、すぐ処分したり保存できる状態にしておきます。

荷解きをしながら処分をする作業が同時進行なのです。

速く動くことは重要ではない

流れ作業のように、出発と到着、すべてがスムーズに確実に流れるように意識するのです。

右利《き》きの人は、左から右へ、左利きの人はその逆の動作が、ムダがなくスムーズに流れるという研究もあるそうです。

そういえば、自転車に乗るとき右利きの私は左から乗ると、動作がスムーズにリズミカルになることを発見しました。

ちなみに、これはある実験でも証明されているそうです。

動きをスムーズにするために

＊使うところにものを置く

このルールは、長年の家事経験から、家事を単純にしかも安心して行えると確信しています。

どんなに元気な人でも何事もダラダラとやれば広範囲の移動となり、身体も心も疲れます。ましてや高齢になれば、動きも鈍くなり、何かにつまずいて転《ころ》んだりする危険もあるのです。

＊家事道具は、すぐ取り出せるよう、使う場所に収納

わが家では、よく使うはさみなどの道具は、数カ所の引き出しに入れ、いつでもその

場で必要な作業ができるようにしています。

玄関の引き出しに、キッチン、そして寝室、もちろん書斎にも。

＊ゴミ箱も部屋ごとにあれば便利

爪切りやブラシなど、個人使用のものは、ベッドサイドや洗面所など、自分が必ず使う場所に置くとすぐ取り出せます。

小さなゴミ箱も部屋ごとにあれば、床にゴミが散乱するのを防げます。

＊一回の動作でできるようにする

キッチンの戸棚や寝室の物置からものを取り出すのに、煩《わずら》わしい、面倒だと思ったことはありませんか。

何かを取り出すのに、他のものをどけなければならない。

どこにしまったのか見つからない。

これはかなりひどい状態で、すぐに整理整頓する方法を考えなくてはなりません。

余分な動作が積み重なると、時間や心身にムダなエネルギーが必要になります。

これこそ複雑な家事そのものになります。

忙しくて時間の無い人や体力の衰えた高齢者には、身体同様、心まで疲れてしまいます。


いつもよく使うものは、よく見える、手の届きやすい場所にしまいます。

手を伸ばすだけで簡単に取れる収納は、単純家事の基本です。


私は、調理用のザルとボウルを一枚ずつ重ねて収納しています。

ボウルで洗った野菜をザルで水を切る作業。

ボウルとザルをセットにしておけば、一回の取り出す作業で、洗う、水切りの二つの作業ができます。

これまでは、大小二枚のザルと大き目のボウルを重ねていましたが、あるときよく使うものはザルとボウル、それぞれ一個ずつで十分なことに気がつき、大きいボウルと同じサイズのザルをセットにし、他のザルは処分してしまいました。

ものの数が少なくなった分、キッチンがすっきりし、手入れもラクになりました。使わない食器や道具は処分し、場所を移動させたりすることで、スペースもでき、普段の動作や掃除が簡単でスムーズになったのです。

考える家事をするためには、キッチンが最高の練習場所

キッチンは、流し、調理台、レンジ台、冷蔵庫、食器棚に大きく分かれます。
食器や野菜を洗って切る「流し」、食材や料理を整え並べるための「調理台」、食材に火を通し調理する「レンジ台」、貯蔵するための「冷蔵庫」、そして食器や道具をしまう「食器棚」。

キッチンの道具は、使う場所を意識し、取り出しやすい場所の近くにしまうのが、時間と労力の大きな節約になります。

キッチンの道具や食器は、一つの動作で取れるようにします。

食器棚や引き出しを開ければ、すぐ取り出せること。

つまり、収納も、使う頻度が高いものは、すぐ取り出せる場所にしまいます。

めったに使わないすし桶《おけ》や、パーティ用の大皿は、取り出しにくい戸棚の奥や上部にしまいます。

調理台はできるだけ何も置かない

小麦粉をこねたり、食器を並べたり、どんな作業もやりやすく、汚れたら一度でさっと拭けます。

いつもきれいな調理台は、キッチン仕事が楽しくなります。

食器棚や調理台も、普段よく使う食器や道具がすぐ取り出せる工夫をすることです。

道具や食器の配置を考える。

よく使う食器や調理器具は、すぐ取り出せるように、手前に並べておく。

重くて大きな食器は下に、高いところには、軽いものを置きます。

レストランや外国のキッチンのように、鍋やフライパン、調理器具などを壁や低い天井につるす方法もあります。


夏を過ごす森の家では、透明なガラスの花瓶に、調理用のお玉、菜箸、フライパン返しなど、よく使うものをフラワーアレンジメントのように〝活《い》けて〟、レンジまわりのすぐ手が届く窓辺に、飾りのように置いています。

調理しながらすぐ手に取れるので、とても便利。

この方法は、我ながらとても気に入っています。

ちょっと考え、知恵や工夫を活かせば面白いほど斬新《ざんしん》なアイデアが浮かんでくるものです。

家族が脱いだ汚れものを集めるのに苦労していませんか

汚れた洗濯物をかごに入れる動作を自然にできるようにするには、脱ぐ場所に洗濯かごを置けば解決します。

脱ぐ動作とかごに入れる動作が一度ですむので、家族全員が簡単に覚え身につく習慣です。

考えてから動けば、家事労働はかなり軽減されます。

これこそ科学的、考える家事なのです。

プロの作業を観察しマネをする

これもおすすめです。

レストランで食事をしたり、家に掃除のプロが来たり、そんなチャンスをとらえて、しっかりとプロの仕事を観察するのです。

掃除であれ、料理を運ぶことであれ、何かしらの仕事でお金を得ている人には、仕事を効率よくするためのやり方や道具があります。

どんなプロでも、質の良いサービスを時間内に終えなければいけません。

そのためには仕事をいかに〝単純化するか〟が重要なのです。

ドイツに住んでいたころ、窓ガラス磨《みが》きのプロのおじさんが定期的にわが家にやってきました。

私は、そのおじさんの手早く窓ガラスを磨くための技術と道具をじっと観察し、たくさんのひらめきをもらいました。

それらを元手に、帰国後、掃除会社まで作ってしまったくらいです。

そのおじさんが、窓ガラスを磨き終えた後、私に向かって、ピカピカの窓ガラスを指さしながら「ブンダバー！（すばらしい）」と胸を張って自画自賛した様子は、いまだに目に焼きついています。

家事に計画性を持つ

計画倒れという言葉があります。

押しつけられたことや、他人のまねごとは、たいていうまくいきません。

まして他人の考えた計画は、参考にはなるが現実的でないことが多いのです。

この数年、私は雑誌や新聞の大掃除の取材は引き受けていません。

私自身、毎日のスケジュールに沿った掃除はしますが、大掃除はしないので、自分が実践してうまくいったものをご紹介したいのが現実的だと思っています。


雑誌で読んだ大掃除の計画は、参考にはなりますが、たいていの場合、その通りやろうとすると無理があります。

見るだけでやったつもりになって、気休めとなるならば別ですが、やらなければと真面目に思い込むと、かえって心の負担になりかねません。

生真面目な人ほど、他人の立てた計画をきちんと実践しないといけないと思い、その通りにできない自分を卑下《ひげ》し、悩んでしまう。山のような汚れを前に、やる気も起こらず、やったという達成感もないまま日が暮れていく。


人それぞれのライフスタイルがあります。

他人が計画した家事は、非現実的なことが多い。

すべての人に当てはまるとは限りません。

できるところ、やれること、つまり〝良いとこ取り〟をしながら自分流にアレンジすればいいのです。

きちんと計画を立て、日ごろからこまめな家事をこなす習慣があれば、**あえて大掃除は要らない。**

〝家事の賢人〟を目指すのです。

では、どのように計画性を身につけたらいいのか。

人それぞれのライフスタイルがあり、計画も自分流が必要です。

人生には、いいことも悪いことも、予期せぬ出来事でいっぱいです。

まして、人も人生も完璧なものはありません。

家事にも、これでいいというものはないので、**上手に手を抜き**、ある程度できればいいと思うこと。

ある程度の融通《ゆうずう》が利く計画で、実際は、たくさんのことができればいいのです。能力の半分でもできればよしとするのです。

スケジュールを組むとき、いつでも変更可能な自由度の高いものがベストで現実的です。

家事も人生も、永遠のものではないので、状況に応じて回数を減らしたり、曜日を変更したりすれば気分転換にもなり、家事のマンネリ化を防げます。

既に述べたように、私の場合、現在の家族数と体力を考え、掃除機がけをこれまでの週三回を一回に減らしました。

掃除機がけの時間と労力が減った分、自分のことができる自由時間が増え、さらに毎日が充実した感じです。

回数が減ったからと言っても、掃除はするので、汚れはたまらず、部屋の快適度は、以前と変わりません。

ドイツに住んでいたころ、知り合いの主婦が、仕事以外の行事の予定や家族友人の誕生日、さらに家事のスケジュールまで書いた手帳を持ち歩いていたのに驚き、感動したことがあります。

今、日本でも働く主婦が増え、仕事やその他の予定を書き込んだ手帳や携帯を持ち歩いている人をよく見かけます。

当時の私は、掃除や洗濯、買い物などの家事まで、決まった日にするというドイツ人の計画性に新鮮さを覚えたのをはっきり記憶しています。

自分の予定をメモし、夜寝る前に必ず手帳を見る習慣があれば、大事なことを忘れてあわてることもありません。

仕事でよくスケジュールミスをするのは、たいてい書き込むだけで安心し、定期的に手帳やメモを確認しないからです。

計画の良さは、自分の行動へのエネルギーの持続ができること。

一つやり遂げて、やれやれと安心しながらも、次にやることがあれば、新しいエネルギーが湧いてきます。

計画性を持てば、次に何をするか？　と迷ったり、悩んだりしなくてもすみます。

もちろん、何もしないでぼんやりすることもたまには必要です。

私は、計画や予定の合間に、必ずノンスケジュールの時間や日を設け、テレビを観たり、本を読んだり、身体も心も遊ばせることにしています。

こうすれば、次のスケジュールへも前向きでやる気が出てきます。

完璧な家事はない

家事は、定期的に何をどれだけやると決め、八割でも達成できれば、あとは気にしないこと。

徹底的に頻繁《ひんぱん》にやるような家事は、時間や労力をかけた割には、〝木を見て森を見ず〟状態に陥りやすい。

そんなお宅に伺うと、どんな掃除や片付けを？　と疑問に思うことがあります。

やってもきりがない掃除や家事は、部屋全体が客観的にきれいに見えるコツが必要なのです。

全力投球し、一カ所だけをきれいにしても全体が薄汚れていては美しく見えない。

家事はバランスよく

いつも全体に気を配るようなバランス感覚が家事には必要です。

とくに掃除には、**〝そこそこ〟きれいが保てれば、あとは許す、という寛大さが必要**です。

もちろん、小さな汚れへの日々の気配りは必要ですが。

家事のスケジュールを決め、計画的に行えば、家事の〝準備〟と〝片付け〟の時間を減らすことができます。

掃除機をかけるのは、週一回、何曜日と決めておけば、掃除機の出し入れの動作が一度ですみます。

アイロンがけは、日を決め、何枚かをまとめてかける。

こうすれば、アイロンを出したり、アイロンを温めたり、片付けたりする動作が一回ですみます。

余熱も利用できるので、電気代のエコ活用にもなります。

私は、一度にアイロンをかける枚数を、ワイシャツなら三枚までと決めています。

掃除機やアイロンを使ったり、窓ガラスやバスルームを磨いたりするような体力が必要な家事労働は、自分が苦痛にならない量を知っておくことです。

家事嫌いにならないために、**自分の体力の七割くらいを使い、余力は他に回すような配慮が必要です。**

ある調査によると、日本の主婦の嫌いな家事の第一位はアイロンがけ、二位は、なんと掃除です。

ちなみに計画的な家事をするドイツ人は、アイロンがけが好きな人が多いようです。

終わりのない家事は、やればきりがなく、体力を使いすぎると達成感も薄れます。

計画的な家事は、やるべきことを忘れずにすみ、やり過ぎも防いでくれます。

週一回でも、スケジュールをこなせば、やり遂げた満足感が得られます。

スケジュールがなければ、いつ掃除をしたかもわからず、いつも何かをやり残した感じで、家中にたまったホコリや汚れにイライラ感が増し、心が落ちつきません。

床の汚れを発見しても、〝掃除機かけは何曜日の仕事〟と割り切って、ゴミを拾い、汚れをさっと拭くだけで十分満足した気持ちになります。

計画的に家事をやるという習慣は、自分の暮らし方の自信につながり、心も身体もリラックスします。

いつもきれいな家は存在しない

私は、いつも自分に言い聞かせます。

人が住んでいなくても、料理をしてもしなくても、部屋は汚れるもの。

ピカピカできれいなホテルや病院など、どこも絶えず人の手が加わっています。

わが家も、ホームパーティなどの来客後、一瞬、乱雑で汚れた状態になることがあります。

ここで大切なのは、一時的な汚れや乱雑さは許しても、必ず短時間で元の整理整頓された状態に戻すことを心がけること。

ホームパーティで出たゴミは、必ずその日にまとめ、汚れた食器はどんなに疲れていてもその日に処理し、洗ってきれいにしてしまう。

もちろん、大きなゴミ袋を用意し、パーティの最中にゴミをこまめにポリ袋に入れ、汚れた食器をまとめ、できるだけ後の家事労働をやりやすく減らす工夫も忘れません。

疲れたときの後始末ほど嫌なものはありませんから。

すべての家事は、これまでの経験を参考により良い方法を考え、それを実行します。

自分の負担にならないやり方を工夫しながら。

計画は柔軟性を持たせる

ビジネス同様、家事労働にも計画性を持たせるのです。

退屈で終わりのないと思いがちな家事を、前向きで科学的な希望のある作業へと進化させましょう。

あとで自分のための〝お楽しみ〟を作ることも一案です。

時間を気にしながら、早く、手を抜かず、家事や仕事を終えなければと思うと、意外と手早く上手にできることがあります。

エネルギーを集中させた後の達成感で、自信と生きがいを感じることもできます。

そのための計画や方法を考え、それを実行し、うまくいったときの満足感は人間でよかったと思うことさえあります。

仕事も家事も同じ。

計画的で効率的な単純家事の習慣は、誰にでもどんな仕事にも役に立ちます。

家事労働で身体が覚えたものは、何歳になってもどんな社会でも応用可能です。

前述したように、物事はいつもスムーズに運ぶとは限りません。

どんな予定も計画も、人生は未定。

せっかくの掃除の予定日に、友だちが訪ねてきたり、家族の誰かが風邪で熱を出したりすることも。

計画は、しっかりと立て、実行する意思を大切にするのは、あくまでも自分の暮らしを単純化するための目安。中断したり、休んだり、達成できなくてもキリキリせず柔軟に対応すること。

予定を変えればいいのですから。

大切なのは、家事の効率を高める習慣が、自分の手足となるまで続けることです。

そのために計画を立てたり、予定を書き込む作業は忘れないことです。

歯を磨いたり顔を洗ったりするように。

いつもきれいを保つために

私は週に一回掃除機をかけます。

たった一回の15分くらいの家事労働でも、人生の貴重な時間を家事・掃除に費《つい》やすのですから、その〝きれいになった成果〟をしっかり維持し守りたいものです。

掃除した後、片付けた後、きれいに整った状態の現状維持を心がけます。

ものを移動させたら必ず元に戻す。

汚れたらさっと拭き、ゴミは見つけたら放置しない。

この習慣さえ持てば、ゴミや汚れで部屋が手遅れになるような状態には決してなりません。

何度も言いますが、放置され手入れもせずにいつもきれいな部屋は、この世に存在しません。何らかの手間をかけてこそ、人も家も秩序がもたらされるのです。

秩序正しく整った暮らしには、そこに暮らす人の達成感や満足感、そして幸せな空気が漂《ただよ》っていることでしょう。

メモする習慣も大切

私は、小さな大学ノートを手帳代わりに持ち歩いています。

最近では、テレビを観るとき、新聞や本を読むときも傍《かたわら》に置き、感銘を受けた言葉、読んでみたい新刊、料理番組のレシピなどをメモし、それに朝食のメニューまで書き込むようになりました。

これは何を食べたかを想いだしながら書くので、脳トレーニングと日々の健康管理までできます。

朝食後すぐに書くので、ついでに今日やること、会議の予定、買い物などのスケジュールも想いだしながら書き込みます。

この習慣を手に入れるのに、10年はかかりましたが、計画と予定、メモが書き込んである手帳は、達成できないものもありますが、自分の行動を客観的に見つめることもでき、〝単純に生きる〟ための〝分身〟や〝目安〟でもあるのです。

スケジュールは必ず優先順位を意識する

家の広さや家族の数、お金のあるなしにかかわらず、まずやらなければならない家事の基本は同じです。

私流のスケジュールを立てるのに必要な家事の基本は、

＊ 洗い物はこまめにする
＊ 洗濯物やアイロンがけはためない
＊ 汚れたらすぐきれいにする

＊ 掃除機や床掃除は定期的にやる
＊ 床に落ちたものはすぐ拾う
＊ バランスのいい食事を定時に作って食べる
＊ 水回りはいつも清潔にする
＊ 玄関は靴をそろえ、いつもきれいに整える
＊ 食材は計画的に購入する

どんなに忙しい時でもこれだけできれば十分です。

毎日少しずつやる家事

この世の中に、ホテルやモデルルームのようにきちんと整理整頓されて、いつもきれいに掃除が行き届いた部屋は普通の家庭には存在しません。

朝、歯を磨いたら、それで終わりではなく、昼も夜もやってきます。

朝食が終わったら、昼と夜、そしてまた翌日の朝食の用意をしなければなりません。

生きている限り、暮らしには手入れや気配りが必要なのです。多大な時間と労力をかけ、二度とやりたくない大掃除イベントでやっときれいになった部屋も一時的なもの。永遠ではありません。

だから、わが家では、大掃除はしない。

でも、暮らしを単純にラクにするため、〝**毎日の小さな気配り**〟をモットーにしています。

整理整頓の達人のコツ

部屋中のものが、いつも絶えずきれいでなくてもいいのです。

少なくとも散らかるのは一瞬、あとは決められた場所に、決められたものが戻っていることがわが家のモットー。

年齢にかかわらず、家事以外にやることはあります。

毎日、掃除魔のように、部屋の状態への気配りはできません。

家事以外にも多くのやることがあるからです。

ただし、部屋中が荒れて汚れ満杯の状態になってからの家事は、毎日あるいは週に二〜三回の小さな家事に比べると時間や労力がかなりかかります。

毎日の数分の家事労働で、〝まあまあ〟小ぎれいで落ち着いた部屋の状態を保つことができれば、自分や家族にとっても、わが家が一番快適で落ち着く場所になります。

お金は貯めても、汚れはためない。

自分に言い聞かせましょう。

〝毎日少しずつ〟の気配りは、掃除や片付けに何時間もかけなくてすみます。

こまめな家事

仕事同様、日々のマメな手入れは家事労働の軽減につながります。

汚れた食器や道具は、使ったらすぐ洗う。

床にものを落としたり、こぼしたら、すぐ拾ったり、拭いたりする。すべての汚れは、すぐやれば、汚れも落ちやすいし、時間もかからず、心も軽くなります。

あとでやればいいと、汚れを放置したり、片付けや洗い物をためたりすると、家事労働の時間もエネルギーも倍々ゲームになります。汚れて散らかった部屋やシンクにたまった洗い物は、目にするたびにあなたをイライラさせることでしょう。

家族が少ないからと言っても、洗濯は毎日少しずつやります。定期的にやれば、下着や衣類の数は少なくてすみ、時間もかかりません。

私は自然が大好きで、海と森へ出かけることが多いのですが、夏の季節の長期滞在で屋外スポーツに明け暮れする森の山荘では、汚れたウエアは、洗濯も乾燥も機械がやってくれます。

一方、毎回一泊か二泊くらいの短期滞在しかしない海部屋では、手洗いが中心。

毛布や大きなシーツは地下にある共有コインランドリーが便利なので、洗濯機は置いていない。すると、家族はいつのまにか、自分の下着や食器の汚れは自分の手で洗うようになったのです。

家事の分担、セルフ化は、文明の利器がないほうがうまくいくのかもしれません。

ものがあるべきところにあり、使ったら元に戻す。

今やれば、数秒単位でできることが、怠れば、何時間もの家事時間がツケになって戻ってきます。

日本の列車や電車の運行時刻の正確さは世界でもトップクラスですが、〝分ではなく、秒単位〟に気を配るのがモットーだそうです。

毎日家事をする。

数秒単位でもいいのです。

ただし、公共の乗り物ではないのですから、部屋の隅から隅まで完璧に気を配って家事をやりなさいとは言いません。

見えるところだけきれいにする、でもいい。

暮らしや住まいへの気配りは、さりげなく毎日やる習慣が、大切です。

家事の〝先行投資〟

考える家事をする人なら、夕食のレタスを翌朝のサラダ用に余分に洗って冷蔵庫に保存しておけば、朝の準備がラクになることを知っています。

今の家事をしながら、将来の家事の一部を同時にやってしまうのです。

また、夕食と朝食のレタスをちぎって洗うという動作が一度ですみます。


〝家事の先行投資〟とは、将来のために今できる時間と労力をかけること。

どんな作業にも、「準備」、「作業」、そして「片付け」の三段階があります。

「準備」と「片付け」は、時間も手間もかかります。


夜の家事作業中に、次の「準備」を投資すれば、翌朝のレタスをちぎる時間と洗う手間や時間も省け、朝食の準備がグーンと短縮されラクになります。


キッチン仕事は、〝先行投資〟が効果を発揮しやすい家事。

食事は家族の数に限らず、多めにまとめて作って冷凍保存しておきます。

料理をする貴重な時間と材料のムダもなくなります。


私は、夕食のローストチキンを多めに準備し、三日後のから揚げ用に残りのチキンをマリネしておくことがあります。

こうすれば、〝準備〟が一度で手間もかからず、残り物が他のレシピに変身します。

しかも三日後の料理のレシピを考え悩む手間が省けます。


夜のうちに翌朝の準備をし、朝のうちに夜の〝準備〟をする。

夕食の〝準備〟や〝後片付け〟をしながら、次の〝準備〟をするのです。


私は、ボタン付けやレース編みが大好き。

時間があれば、あれこれ考えながら頭の体操ができる大切な時間です。

このため、思いついたらすぐ〝作業〟に取りかかれるための工夫は欠かせません。

ボタン付けを終えたら、使ったぶん、必ず糸を針に通し、〝片付け〟をしながらネクストの〝準備〟をしておきます。

色ごとの糸が通った針をチェックし、はさみや道具がそろっているかどうか。

裁縫箱のふたを開ければ、将来の家事作業がすぐ取り掛かれるようにするのです。

時間にして数分のこの〝片付け〟と〝準備〟作業のおかげで、将来のボタン付けも、糸を探したり、針に糸を通したりする手間もなく、すぐ始められ、苦になりません。

レース編みは決まった場所の引き出しから取り出せば、いつも気が向いたときにできます。

何処《どこ》からどの編み方で始めるかを、前回の片付けのときに、メモをつけてはさんでおくだけです。

もちろん、きちんと決められた場所に戻すことを忘れません。

すべての家事労働が苦になる原因は、たいてい〝準備〟が面倒だと思うからです。使ったときに、必ず明日のために、手入れをし、状態をチェックすればいいのです。この〝後片付け〟をいい加減にすることで、〝準備〟に時間がかかり、〝作業〟に取り掛かるまでに心身が疲れてしまいます。

壊れた掃除機の修理を放置すれば、いざという時に使えないし、電気製品の修理は時間がかかり、面倒です。

汚れた雑巾も使った後きれいに洗って乾かしておけば、すぐ気持ちよく手に取れます。

洗剤やせっけんが無くなったのに買い忘れていると、トイレもキッチンも身体も洗えません。

家の中でも数え上げればきりがないくらい、〝後片付け〟を十分にやらなければ、〝準備〟に時間と手間、そしてイライラが募《つの》ります。

家事を単純にする〝良き習慣〟は、人生を豊かにしてくれる

夕飯を用意しながら、使った道具や場所を、きれいに片付ける。

これだけで、食後の片付けがずいぶんラクになるはず。

もちろん、食卓に料理が並び終えたときに、キッチンがきれいに片付いていれば、気持ちよくゆったりと食事を楽しむことができ、会話も弾みます。

明日の用意を夜にしておけば、忙しい朝家事が少しラクになります。

私は寝る前、運動を兼ね、家中を見回ります。

床にものが落ちていないか、シンクの水気は残っていないか、玄関の靴はそろえてあるかなど、拭いたり掃いたりの掃除はしませんが、あるべきものがきちんとした場所にあるかどうかのチェックのみですから簡単です。

もちろん、防犯のために玄関のカギがかかっているかどうかも忘れません。

翌日に着ていく服や持ち物を出して、ついでに汚れやほころび、ボタンがとれていな

いかどうかも確認します。

会議用の資料にも目を通し、玄関には履く靴をそろえておきます。

明日の準備ができていると、安心してぐっすり眠れるような気がします。

片付いた部屋で、ゆったりとした気分で迎える朝は、快適で、〝今日も一日頑張る〟気持ちになれます。

家事を単純にし、負担を減らすことは、自分の快適な暮らしのためなのです。

買い物上手

食材の買い出し、時には苦痛に思うことがありませんか。

セールで衣類をあれこれ見て買うのは楽しいですが、料理のための食材の買い物は、それも日常の家事となると、マンネリ化し、楽しさが半減してしまうものです。

たまに思いつき、食べたいレシピの材料の買い出しは別ですが。

料理が好きでも嫌いでも、食材の買い物は、しっかりと計画的に単純化することで財布も心も豊かになります。

スーパーやデパ地下へは、決して空腹では出かけないこと。キャンディーかクッキーでも口に入れておきましょう。あれもこれも食べたいと、予定外の余分なものまで買ってしまう危険性がありますから。

買い物リストやメモを持参すれば、買い忘れや同じものを買ってしまうこともなくなります。スーパーやデパ地下で過ごす時間もムダがなく効率的で有効に使えます。

買い物の回数を減らす

ドイツに住み始めたころ、合理的で科学的なドイツ人の暮らし方に出会い、驚き感心しました。

買い物の仕方にもそれが表れています。

ドイツには「開店法」という法律があり、商店を開ける時間と曜日が厳しく規制されています。

基本的には、日曜日、祝日の営業は禁止されており、私が住んでいたころは、平日は7時から18時半、土曜日は14時までしか買い物ができなかったのです。

最近の法改正で、平日、土曜日とも閉店時間が18時になり、仕事帰りに買い物もできるようになりました。

先日、ドイツへ出かけたとき、日曜日の閉店をすっかり忘れていたため、月曜日の帰国前のショッピング計画がすべて流れ、閉店した店先の窓辺に並ぶ商品を恨《うら》めしくただ眺めるのみでした。

店ごとに買うものを選ぶ

これは長年の買い物経験から、肉や魚、野菜や果物はどこで買うかを頭に刻んでおくことです。
デパ地下でも、ところが変われば、それぞれの特色や得意なものがあります。
私は、肉と魚を買う時は、面倒でも、それぞれ違うデパ地下を選びます。
鮮度や種類の多さがその基準です。
野菜や果物も、店を選んで計画的に買うことにしています。

買い置きの習慣

最近は、日本でも週末の大型スーパーは家族連れの買い物客でにぎわいますが、昔からたいていのドイツ人は、土曜日に一週間分の食材や日用雑貨を〝まとめ買い〟します。

まとめ買いは、一度の買い物の量は増えますが、割安なことが多く家計の経済的効果は大いにあります。

絶対に切らしたくないもの、トイレットロールや水、調味料、お酒など買い置きするもののリストを作って買い足しの目安を立てればムダが防げます。

私は、調味料などの必ず必要なものは、ストックを一個確保しています。

例えば、しょう油や油など、半分使ったら、一本補充する。

キッチンの引き出の中の、中身の見えないラップやアルミ箔などは使用中以外の一個を確保、新旧仲良く二つずつ並んでいます。

使い切ったら、必ず自動的に買い足す。

やがて、なくなる前に補充する習慣が自然と身につきます。

2章

単純に持つ

ものとの関係をスッキリ！

わが家で過ごす時間を大切に

単純で豊かな人生を送るためにも、わが家で過ごす時間を大切にしましょう。そのためには、どんな家に住むにしても、整理整頓されていることです。掃除がしやすく、必要なものが決められた場所にあれば、心がほっと落ち着き快適な毎日を送ることができます。

前述したように、整理整頓された環境は、単純な暮らしには欠かせません。高齢になって掃除が大変になったからもっと小さい家に住み替えたいとか、収納場所がなくなったから広い家に移りたいと考える前に、せめて今の家の整理整頓をすることです。

安易《あんい》な住まい探しは、その昔『森の生活』の著者ソローが言ったように〝家を所有するのではなく、家に所有される〟ハメになります。

〝住まい〟や〝物〟は、能力の範囲で適当に管理ができれば、自分が支配しているという実感が生まれ、暮らしの心地よさにつながるのです。

多くの乱雑なものに囲まれた暮らしは心身に悪影響を及ぼすそうです。

アインシュタインの理論によると、すべてのものはエネルギーから成り立っているといいます。

もし、多くの乱雑なものを目の前にし、何とかしたいと思いつつやる気が出ない憂うつな気分になっているとしたら。

あまりにも多くのものが部屋のスペースを占め、そこから出るもののエネルギーが、新しい何かを考え前向きな行動をしようとするあなた自身の〝やる気〟のエネルギーの妨げになっているのかもしれません。

整理整頓の習慣で家も人も健康

整理整頓された部屋は心が落ち着きます。

それは、ものが多く散乱しているので簡単に見つからずイライラしたり、無計画な家事をやって道具や材料が不足し焦ったり、ムダで非効率的な動きをして疲れたりすることが少ないからです。

ものが多いと掃除が行き届かず、ホコリが積み重なって不衛生で不健康な部屋になります。

必要なものがすぐ手に取れ、いつもきれいに手入れが行き届いている生活。

こんな秩序正しい暮らしは、達成感や幸福感があり、心が落ち着きます。

まず身の回りの片付けから

ある調査によれば、路上生活者は別にして、誰でも平均一万個以上のものを持っているそうです。

世の中にものや情報が氾濫《はんらん》し、自分の管理能力以上のものを持ちすぎ、どうしたらいいかと悩む人も多くなりました。

ある知人が、完璧な整理整頓術の本を読んで、家中をくまなく歩き回り、要らないものをすべて処分したら、後悔と寂しさでうつ病になってしまったというのです。病院やホテルのように必要なものしか置いていない空間は、機能的すぎて長時間いると心が寂しくなります。

わが家は、どちらかというと家具やものが多いほうですが、掃除がしやすく、自分が管理できる範囲の数のものが整理整頓されているなら、完璧に整った機能的な部屋より、〝そこそこ〟ものがあったほうが安心で落ち着くような気がします。外でどんなに疲れても、家で自分の気に入ったものに囲まれると幸せな気分になれるものです。

ものは、減らせば減らすほど、暮らしが単純になりそうですが、ほどほどに。人それぞれの性格にもよりますが、ものの片付けは一度にやらず、段階的に、心と相談しながら、継続して単純化するのがベストです。

ものを整理することは、あなた自身の人生も整理することになるのですから。

各部屋の役割を決める

家は住む人の人生そのもの。

狭い広いにかかわらず、今の自分の生き方や暮らし方、精神状態までが反映されています。

さらに、目に見えない部屋のニオイや空気、汚れの頻度や程度まで、住む人によって異なるのを御存知ですか。

掃除会社を作ったばかりのころ、引っ越し後の無人のアパートの汚れを磨きまわっていましたが、かつての住人の暮らし方の〝痕跡《こんせき》〟を見れば、大体のライフスタイルが想像できました。

タバコを吸う人の壁はヤニで黄色く汚れ、掃除嫌いだけど料理好き、そんな人のレンジ台や換気扇は油汚れがベトベトにこびりついている。
〝立つ鳥跡を濁《にご》さず〟ではありませんが、それなりにきちんと生活をした人の部屋は立ち去った後もきれいでさわやか、何となく好感が持てました。

自分の住んでいる場所や部屋をチェックしてみてください。
自分の暮らし方がどのように現れているのかわかるかもしれません。

単純に暮らすということは、科学的でシステマティカルに、部屋全体がスッキリと片付いていることからスタートします。

ものを捨てたり、整理したりすることが苦手な人こそ、まずすべきことがあります。
それは今住んでいる家の部屋や場所の役割を考え決めること。

＊床

床にものを置くのをやめましょう。

ドイツ人は、よく〝床にものがあるとお金が貯まらない〟、と言います。

銀行やスーパーなどはもちろん、自分の家の床にも気を配ります。

床が見えないほどものがあふれている家は、たえず経済状態に問題があるというのです。

その理由はとても単純で、合理的で科学的。

なるほどと納得します。

床にものがあると転んでけがをしやすくなり、危険だし余分な医療費がかかる。

床にものが散乱していると、ものを避けたり移動する手間や時間がかかる。

掃除がおっくうになり行き届かなくなり、ホコリがたまり、健康にも悪影響を及ぼす。

若いころ、住んでいた小さなマンションには家具や生活用品で床が占領されていました。

歩くのにも、家具を避けながらカニのように横歩きをしなくてはいけない生活。

家で自由に歩き回れない生活は、息苦しく、心まで狭くなった感じで、部屋の中では前向きに新しい何かをやりたい気持ちが生まれなかったような気がします。

確かに、広々とした床は豊かさのシンボルのような気がします。銀行やスーパーの床が広々としているのはそのためでしょうか。

床同様、机やテーブルの上にも、できるだけものを置かず、広々とした空間をキープしましょう。

アメリカのある宗教の信徒たちは、床に置かず、あらゆるものを壁にぶら下げました。

ほうきも服も、靴や椅子までも。

日本でも、昔は、ほうきを壁にぶら下げ収納するのが当たり前でした。すぐ手に取りやすいし、穂先が下を向くので長持ちし、管理しやすい。

余談ながら、長居をする客人に、そろそろお引き取りをと、ほうきを壁に立てかける習慣がある地域もあります。

どうしても捨てられない不用品は、段ボールや紙袋にまとめて入れ、部屋の隅や階段の下などに置くのも一案です。

数個の段ボールは、積み上げておくと、部屋がスッキリします。

何カ月も使わなかったものは物置や別の部屋に移動させるか、思い切って処分しましょう。

＊キッチン

台所は、頻繁に様々な道具や食器を出し入れする場所で、料理の回数にかかわらず汚れやすい場所です。

しかも、油や水などの汚れが複雑に集まっているので、こまめで科学的な手入れが必要です。

快適で疲れないキッチン仕事をするためにも、要らないものは処分し、いつも整理整頓された状態を保つことが基本です。

使わない食器や調理器具や、とっくに賞味期限の過ぎた食品などが、キッチン仕事のスムーズな流れの妨げになっていることを考えましょう。

お皿が無くなったコーヒーカップや壊れた食器などは、捨てるか、どうしても別れがたいものなら、小物入れや花瓶などに再利用することができます。


使う回数の少ない焼き肉用のホットプレート、お菓子作りやオーブン料理用の大皿などは、普段の作業の出し入れの邪魔にならないよう、棚の奥にしまいます。

お菓子作り用などの道具は、まとめてセットにしておけば、一度の動作で取り出せます。


台所や食卓で使う嗜好品や調味料などは、用途に応じてまとめておきましょう。

朝食用のジャムやハチミツなどは、かわいいかごに入れ、食卓にそのまま運べるようにします。

コーヒーや紅茶、日本茶などはまとめて引き出しに入れてすぐ取り出しやすいようにします。

台所は大きく分けて、シンク、レンジまわり、調理台、そして冷蔵庫があります。これらの場所の〝往来の妨げ〟にならないよう、この4カ所の間には〝邪魔もの〟を置かないようにします。

調理台には何も置かないようにします

広々とした調理台は、食材や料理を自由に並べられるので、キッチン仕事がスムーズで苦になりません。

何もない調理台は、さっと拭くことができるので、いつも清潔感を保てます。

調理器具は、壁にぶら下げるなど、すぐ取り出せるような場所にしまいます。

清潔で片付いたキッチンは、料理をするのが楽しくなります。

＊ 水回り

清潔できちんと片付いたトイレやバスルーム、洗面台など。

誰が見てもきれいな水回りは、上質な暮らしのバロメーターです。

自分なりの〝きれいを保つルール〟を持つこと。

わがルールは、使ったら必ず拭き、備え付けのブラシで磨いておく。

時間にして数秒ですむこの単純な動作（習慣）の繰り返しで、快適な水回りを保つことができます。

バスルームやトイレなど、使うものを厳選して置くようにします。

便器のカバーやマット、トイレットロールのホルダーカバーなど、ホコリがつきやすく汚れや臭いの元になります。

余分なものを置かないようにすれば、掃除の手間も時間もかからず、いつも機能的でスッキリした空間を保てます。

＊ 押入れ＆クローゼット

押入れや物置の扉を開けたとたん、ものが転がり落ちてくるまで重症ではないが、〝正体不明のもの〟をギュウギュウに詰め込んだ状態のお宅も多いはず。

いつか使うから、と夢見て捨てられない結果です。

押入れやクローゼットの多くのがらくたは、それを目にしたり想い出したりするたびに、あなたは落ち込み、憂うつになります。

何とかしなくてはと、心が暗くなると明日へのやる気も失せます。

押入れやクローゼットは、ものをしまう場所です。

しかし、収納能力以上の不必要な〝肥やし〟を入れる必要はありません。

最低でも二年は使わなかったものは処分しましょう。

必要な時にすぐ取り出せるようにしておくこと

できれば〝70％収納〟を目標にし、近づける努力をしましょう。

この30％の空きスペースがある収納は、風通しも良くなるので湿気から解放され、掃除もしやすく、いつもスッキリと片付いた物入れは、やる気が出て、あなたに明るい未来を運んできてくれそうです。

クローゼットをスッキリさせる

クローゼットや衣類が入っている押入れは、あなたの現在の体型そのものです。だから、今着られるもの、使うものを収納すべきなのです

そうはいっても、現実にはできそうでできないクローゼットの衣類の片付け。まだまだ着るチャンスがありそう、痩せたら着られる、高かったのでもったいないななど。

処分できない理由はそれぞれですが、まず、経験から言って、今着ることができないものは、将来お呼びがかかることは、まずありません。

単純に考えればわかることを、理屈をつけて先延ばしにしているだけです。

今必要でない衣類は、〝タンスの肥やし〟だと、自分にはっきり言い聞かせましょう。

＊よく着る服は、右側に集めます

よく着る服とは、この二年以内が基準です。

夏用と冬用に分けて集め、二年以上着ていない服は、思い切って処分するか、決断できないものはひとまとめにして紙袋か段ボールに入れる。

しばらく考え、手放す決心がついたら、人にあげるか、バザーやリサイクルに出します。


よく着る服を見れば、自分のファッションの基準がわかります。

私の場合、服を選ぶ決め手は、サイズ、デザイン、色、そして素材。

改めて単純に考えながら整理してみると、今後の服を選ぶ参考にもなります。


スーツなどは、応用範囲の広いもの。色は黒やグレー、夏は白や薄茶など。

デザインは流行を問わない落ち着きのあるオーソドックスなもの。

着ていてラクなパンツスーツも多く、買う時は、一着でいろいろと着回しができるものを選びます。

衣類を増やさないためには、レンタルすること。たまにしか使わないパーティドレスや着物、バッグなどはレンタルするのも便利でい い方法です。後の手入れや収納場所も必要ありません。

最近は、ハッとするような高価なドレスやバッグなどがレンタルできるので、好みや予算に応じて上手に利用するのもおすすめです。

玄関は、外との大切な境界線

＊ 玄関

玄関を客観的に他人の目で見たことがありますか。

ときどき、訪問客になったつもりで外からドアを開けて家に入ってみてください。

玄関に靴が乱雑に脱ぎ捨てられていませんか。

郵便物や古い新聞や雑誌が山のようになっていませんか。

鉢植えの植物の水やりや手入れは行き届いていますか。

玄関の外の表札やドアが汚れていませんか。

生活臭が漂っていませんか。

帰宅時に外の疲れを倍増させないために、出かけるときは自分のために靴をそろえます。

朝晩、一日に二度、気配りするだけで、玄関はいつも片付いていて、皆が気持ちよく出入りできます。

逆に、外からのよからぬ侵入者（泥棒）は、きれいに整った玄関を見ると、この家の住人の〝隙のない暮らし〟に緊張して近寄らないそうです。

＊ リビング

どんなことがあっても、心がほっとしてくつろげる空間にしたいもの。

私は、何度も言いますが、病院やホテルのようにチリ一つない片付いた空間は好きではありません。

毎日を過ごすリビングは、乱雑に汚れきった部屋と完璧に片付いた部屋の中間、ある程度の秩序正しいきれいな空間が落ち着くような気がします。

家具や電気製品の配置にも気を配ります。

大きなソファや大型テレビは、部屋の中央ではなく、壁際か隅に置きます。

ランプなどの間接照明、植物の鉢植え、センスのいい写真や置物など、自分がいつまでも居たくなるような空間を心がけましょう。

私は椅子が好きなので、すわり心地のいい椅子を選び、自分用の指定席にしています。

床同様、階段やソファの上にものを、置かないようにしましょう。

すぐ上階に持っていくからとか、そのうちクローゼットに入れるなどと思って油断していると、ソファの上が安易な収納場所になってしまいます。

一瞬でも、使ったらすぐ元に戻す習慣を守ること。

とりあえず、帰宅したらすぐコートハンガーにバッグも服もかけておけば、部屋が散らかる〝元凶〟を回避できます。

絶えず窓を開けたり、空気清浄機を使ったり、部屋にはいつも新鮮な空気が流れるようにします。

新鮮な空気は、明日への活力が生まれ、家が長持ちするなど、一石二鳥の効果があります。

＊納戸

物置やトランクルームがない場合、小さな部屋の一つを物置スペースにすることもあります。

多くの古い衣類や道具、想い出の品などが所狭しと床にあふれているなら、前述したアメリカのある宗教の信徒のように壁にぶら下げてみます。

少しでも空間ができれば、ときどきはホコリを払い、定期的に窓や換気扇を回して風を通すこともできます。

物置や納戸は、自由に出入りができ、心の負担やホコリのたまり場になる〝開かずの間〟にならないように気を配ります。

＊ドアや引き戸

家中のドアやふすまや引き戸。

四季があり、湿気の多い日本では、季節や気温に応じて外との境目の障子やふすまなど大きく開閉できるよう、近くに障害となるタンスや食器棚などの家具類は置かないようにしていました。

マンションなど、今はドアが中心ですが、玄関や寝室などのドアは大きく開くように配慮します。

段ボールやタンスのためにドアが少ししか開かないと、部屋に風が通りにくく、空気もよどみ、心身ともに不健康な生活になります。

ついでながら、いつもドアノブの手垢《てあか》もきれいにしておきます。

整理整頓をキープするための生活習慣

大掃除で一時的に部屋の汚れが一掃され、整理整頓ができても、その状態を長く続けることができなければ意味がありません。

部屋の秩序を守るための行動を意識し、習慣にしてしまいましょう。

整理のルール

＊ものの住所を決める
＊使ったら元に戻す
＊使ったら、拭く
＊ドアやふすま、箱のふたなど、開けたら閉める
＊脱いだ衣類や、ものを落としたら、必ず拾う
＊思いついたら必ずメモする
＊ボタン付けや補修、道具の修理などはその日のうちに

＊人の手を借りるときは、二日以内に手配連絡する
＊汚れを見つけたらすぐ拭く
＊洗濯物や食器などはためず、こまめに洗う
＊定期的に掃除や片付けをする
＊窓を開け、部屋に新鮮な空気の流れを作る

以上をきちんと守る生活は、暮らしのリズムが整い、きれいで片付いた生活を維持できます。

整理整頓は、まず身近な一カ所から

何をどこから始めていいか、わからないときは、まず身近なやりやすいものから試してみることです。

例えば、キッチンの引き出しからものを出し、一カ所に集めてみましょう。調理器具など同じものがいくつもあることに気がつくはずです。

これは、自分が何をどれだけあるのかわからないまま、同じものをもらったり買ったりした結果、増え続けることになったのです。

必要な数と状態の良いものを残し、あとはすべて処分することです。

そして、残った数と種類を維持するのです。

出来合いの惣菜《そうざい》や弁当についてくる割り箸《ばし》やスプーンやフォークなどが必要でない場合、もらい続けると大変な量になって収納場所からはみ出してしまいます。

自宅に持ち帰る惣菜やデザートなどは、慣れ親しんだ自宅のお箸やフォークで食べたほうが、繰り返し使え、少しでも自然環境に配慮しているようで豊かな気持ちになれます。

このような簡単なことから始めてみれば、生活の単純化への整理整頓がスムーズにできます。

すぐに処分するもの

＊　段ボールの中に数年以上眠っているもの
＊　消費期限が切れている食品
＊　使うことのない壊れた道具や家具
＊　複数ある同じ道具や小物

自分にとって、処分が簡単にできるものを考えてみることです。

毎日の暮らしを分析してみましょう

生活の整理整頓に取り掛かる前に、自分の暮らしぶりについて考えてみることです。

家中を見渡して、暮らし方の現実を知れば、何処からどのように手を付ければいいかがわかるかもしれません。

あなたはどうでしょうか。自問自答してみましょう。

＊掃除は定期的に日を決めてやっている
＊トイレやバスルームなどの水回りはいつもきれいにしている
＊家の中は片付いている
＊洗濯やアイロンがけはためない
＊食事は定時に食べる
＊玄関はいつもきれいに片付いている
＊キッチンのシンクに食器がたまっていない

以上は、清潔で健康的な暮らしの基礎です。

やり方はいろいろありますが、心身の健康のため、これだけは手を抜いてはいけない家事だということを知っておきましょう。

汚れはためない

あるとき、私の本の読者の方からメールが来ました。

どうしてもキッチンがきれいにならないという悩みです。

たぶん、きれいに整理整頓した生活への熱望はあるものの、何処《どこ》から手をつけたらいいのかがわからないらしいのです。

この方が〝キッチンをきれいにしたくなる〟にはどうすればいいのか。

私は、〝お湯を沸かした後の、まだ余熱が残っているケトルを、濡れたタオルで拭《ふ》いてください。ただし毎回、忘れずに、拭き続けるのです〟とアドバイスしました。

ドイツの友人のキッチンは使ったらすぐ拭くので、汚れが残らず、さほど手間暇をかけなくても、いつもピカピカで、快適です。

彼女のキッチンで、私たちはよく軽い食事をしたり、お茶を飲みながら、午後のひとときのおしゃべりに興じたりしたものです。

あるときは、彼女がクリスマス用のチキンを焼く傍《かたわら》で、赤ワインを片手に、できたばかりのオーブンの油汚れを一緒に拭いたりしました。

それほどいつまでも居たくなる心地いい空間でした。

汚れはためずにすぐ処理すれば、簡単にきれいになります。時間も手間もかかりません。これぞ、科学的単純家事です。

数週間後、その方から〝拭き続けているうちに、捨てようと思っていた古いケトルがきれいになり、うれしくてレンジ台を拭くようになり、気がつけば、キッチンがきれいになりました。台所に立つのが楽しくなり、床や調理台、そして引き出しの中まできれいにするつもりです〟とのメール。

ていねいに、ピカピカキッチンの写メまで添付してあったのです。

小さなことから始めてみる

片付けを、いざ行動に移そうとしてもどこから手を付けていいのか。ただ途方に暮れ、時間だけが過ぎ、ストレスの原因にもなります。

引き出し一つ、リビングの一カ所、棚の上など。

どこでも、思いついた場所を小さく区切ります。

一つの単位を決め、時間も30分以内と決めて、その時間が来れば完成しなくてもやめる。

徹底的にやろうとしないこと

寝室のクローゼットの隅《すみ》から隅まで、玄関の靴箱全部を大掃除しようなどと思わないことです。

スタートまでの気持ちを奮い立たせるのに時間がかかり、仮にできたとしても、疲れて、他のことをやるエネルギーがなくなってしまいます。

完璧主義は、〝今できること〟よりも〝やらなければいけないこと〟ばかりに目を奪われがちです。

単純にきちんと暮らすことは、小さなことの積み重ねです。

むしろ、引き出しの中だけ、冷蔵庫の中だけでも、きれいに片付けばよし、と自分に言い聞かせる寛大な心が大切なのです。

冷蔵庫の扉の棚など、どこを片付けるかを決めたら、いったんそこにあるものを全部出して空《から》にします。

瓶や調味料など、期限や中身をチェックしながら、ぬれたタオルできれいに拭きます。

この時、取っておくもの、捨てるものに分けます。

棚の内外をきれいに拭いたら、選んだものを元に戻します。

この方法は、食器棚や食品庫、流しや戸棚の中の片付けにも応用できます。

冷蔵庫の小さな整理整頓は、三カ月ごとに、30分、空き時間を見つけ、立派な習慣となるまで継続して続けることです。

継続は命ですから。

似ているものをひとまとめにする

机の引き出しなどの小物類は、ゴム輪や箱を使ってひとまとめにします。

こうしておけば、開けたとき、スッキリと整理された状態を保つことができ、一目で何がどれだけあるかがわかります。

何よりも、整理整頓の成果がはっきりわかり、自分自身のきちんとした秩序ある暮らしが誇らしく思えます。

この習慣は、使う回数や引き出しを開けたときの状態にもよりますが、半年ごとを目安に。

いつのまにか、ものが増え続けたように、このような小さな片付けを習慣にすれば、だんだんと片付いていくものです。

引き出しの中同様、カバンや靴、本やおもちゃなど、似ているものは、場所を決め、ひとまとめにして収納します。

まとめることで、手入れや片付けの時間が短くなります。

家の中で迷子のはさみや爪切りを見つけたときは、何処に戻そうかと悩まなくてすみます。

まとめるときに、何をどれと一緒に使うことが多いかを考えます。

あたりまえで簡単なことですが、歯磨き粉は歯ブラシのそばに、洗剤は洗濯機の横にありませんか。

たぶんこれらの習慣は、無意識にやっていることですが、ものをまとめて収納するときは、どれとどれを一緒に使うことが多いかをあらためて考えると、暮らしがもっと単純に機能します。

例えば、電気製品のそばには延長コード、下駄箱には靴磨きセット、お菓子作りには、ハンドミキサー、計量スプーン、ボウルなどの道具をひとまとめにし、必要な時にすぐ出せるようにします。

ひとまとめにする利点は、部屋中にあるものに決まった収納場所を与えることです。家族全員が知っている決まった収納場所があれば、使ったものをどこに戻せばいいかがわかります。

もちろん、部屋がジャングルのように散らかるのを防げます。

定められた場所に決まったものがあれば、必要なものをすぐ取り出せ、探しものに費やす手間も時間もかかりません。

ものが増えない予防策を立てる

〝考える家事〟をすることの大切さは前章でお話ししましたが、ものに向き合う時は、〝考える人〟になることです。

何かを買いたいと思ったら、何処にしまうか、と考えましょう。

お店で、靴や洋服を試着しながら、〝新参者《しんざんもの》〟の収納場所を想い巡らし、自分に言い聞かせてみるのです。

私の経験では、衝動的に持ち帰ったほとんどのものは、とりあえずの場所に置くことになり、この悪しき習慣がものを増やす元凶になるのです。

絶対必要かどうか

これも考える重要なテーマです。

一つしかない古い道具が壊れて修理できず、代わりの新しいものを買わなければいけない場合は別ですが、今ある他のもので代用はできないか、ほんとうに必要かなどを考えてみる。

よく考えれば、〝いらない〟という結論が九割です。

手入れが簡単なものを選ぶ

科学技術が進歩し、家庭の中で使う道具までが、便利な分、操作や手入れが複雑になっています。

使用説明書を何度も読み返してもわからず、トラブルなどメーカーへの問い合わせはメールしか受け付けないものもあります。

家の中で使う道具は、先端技術を装備した複雑なものでも、ほとんどその必要がないことを知るべきです。

ロボット掃除機も、最初は、珍しさや面白さも手伝い購入したものの、狭い日本家屋には、むしろ部屋ごとに掃除機かほうきを使った方が隅々まできれいになるという人も。

家の中では、簡単な操作で手が十分に使いこなせるものが安心です。

高度な精密機械は、その分壊れやすく、操作もむずかしい。

日ごろの手入れも複雑で、簡単な水洗いもできず、細心の注意が必要です。

文明の利器を否定はしませんが、自分が簡単に使いこなせるかどうか、ふだんの手入れが簡単にできるかどうかなど、部屋の広さや状態と相談しながらよく確かめてから買うことです。

家の中の使わない道具の存在は、余分な収納スペースが必要で、部屋がスッキリしないなどの原因になります。

単純な生活には、やはり道具も単純なものを必要な数だけ持つことがベストなのです。

探しものを少なくするために

あまりにも探しものが多いと、時間や労力のムダになるばかりでなく、ストレスになり、免疫力が低下するそうです。

探しものは、ほんの少しの努力で、暮らしを単純化することで防ぐことができます。

年齢に関係なく普段の生活でも、ほとんどの人が何かを探しているといいます。

欧米のある調査によると、探しもので多いのは、カギ、ボールペンや万年筆、メガネ、財布。

私も含め、まわりには、いつも家のカギやメガネ、ボールペンなどを探している人がいます。なるほど、探すものは世界共通なのかと、日本人の私も納得です。

年齢を問わず探しものをする人が多いとすると、物忘れが多くなる高齢者ならなおさらのこと。誰かがいつも何かを探していることになります。

とくに、〝うん〟とも〝すん〟とも言わない老眼鏡を探し始めると、砂漠の中の水を求めるような気分になってしまいます。

お宝探しは別としても、家の中での探しものがストレスになり、身体にも悪影響を及ぼすなら、少しでも探しものを減らす暮らしを目指すことです。

ものの置き場所を決める

私の経験で、探しものをしなくてすむ、一番成功率の高い方法は、ものの置き場所、つまり〝ものの住所〟を決め、しっかりと記憶にとどめることです。

ものには〝住所〟を決める。これは〝整理整頓の定位置の原則〟です。

ただ、この住所は、絶対忘れない場所であることが大切なのです。

この決まった場所が誰にでもわかりやすく忘れずに守れること。

高齢の古くなった脳細胞でもしっかりと刻み込まれることが大切なのです。

それを解決するにはどうすればいいのでしょうか。

自分や家族全員の〝行動パターン〟のルートに置き場所を決めることです。

探しもので多いのが家や車のカギ。

わが家の場合、帰宅した玄関のテーブルのランプの脇に置き場所を決め、そこに、カギ用の陶器のお皿を置いています。

家族全員が出かけるとき、帰宅時に必ず通過する地点、ここがカギの住所、定位置です。

さらに置き場所のイメージを脳にしっかり焼き付けるために、陶器のお皿は外国で買った絵皿、まわりにはカギ用のお皿以外何も置かず、カギが載ったお皿のイメージが皆の記憶に印象付けられるようにしています。

美しい絵皿は高価ではありませんが、旅の思い出の品。

ときどき、洗って清潔にし、せっけんや香り袋を置いているので、カギを取ったり戻したりするたびにいい気分になります。

ドイツの友人宅では、玄関の壁にカギ用のボードがあり、そこに部屋中のカギや車のカギ、地下室や倉庫のカギが、それぞれ色のついたリボンでわかりやすく区別され、かかっていました。

ちょっとした玄関のインテリアも兼ねているのです。

また、定位置にカギが集まっていれば、誰が出かけたか、忘れたかなども一目でわかるので便利です。

置くときのマイ・ルール

置き場所を決めると同時に、自分なりの〝置くときのルール〟を作り頭に刻んでおきます。

いわゆる〝保管のルール〟。

こうすれば探しものをすることも少なくなります。

例えば、家のカギを置くときに、必ず車のキーも並べておく。

バッグをしまう棚の近くには、必ず、ボールペンや名刺入れ、ハンカチをそろえておく。

電話のそばには必ず、ボールペンとメモ用紙、老眼鏡を並べておく。

よく持ち歩くバッグには、必ず、リップグロス、手鏡、ブラシ、ボールペンを一本ずつ入れておく。

使った後のゴルフのスコア用の鉛筆を、手帳に挟んでおくと便利です。

小旅行や外出時には、必ず乗り物の切符はパンツの後ろ右ポケット、小銭は左ポケットに。ポケットの無いスカートの場合、バッグの決まった場所に入れることにしています。

ホテルでは、ベッドサイドのランプの下に化粧ポーチと時計、部屋のキーなどを必ず並べておきます。

部屋のキーやカードは持ち歩いたほうが便利なので、財布は貴重品ボックスに入れます。

忘れたり、無くしたりすることがないように、この習慣はどこでもいつも同じです。

このように考えれば、自分流の〝保管ルール〟が面白いほど見つかるはずです。

紙製品の処理

雑誌や新聞などは取っておく理由はありません。

必要な記事は切り抜き、あとは捨てましょう。

新聞や雑誌は、ゴミの日に定期的に処分する。私の住んでいる地域のある新聞販売店では月に一度、チラシと新聞をまとめて出せば、トイレット一個と交換してくれます。

雑誌や本などは、増えすぎて手遅れにならないように管理する。

雑誌は、読み返すにも時間がかかり、収納スペースも必要です。

古い雑誌を目にするたびに、読まなくてはと心の負担にもなります。

雑誌を取っておく必要がないのははっきりしています。

内容のほとんどが広告で、雑誌の記事、とくに週刊誌の記事は、ある期間ごとに同じ内容やテーマの繰り返しです。

とくに、医療や技術、健康についての情報記事は、一カ月もすると古くなります。

収納スペースに数や量を合わせる

どうしても捨てられない本や雑誌があります。

私もその一人ですが、大きな紙袋二つに専用の場所を確保しています。

紙袋がいっぱいになれば、新しいものと入れ替えに古いものを処分してしまいます。

〝収納スペースに、ものの数を合わせる〟という絶対的なポリシーを想い出すのです。

読書好きな人は、新聞以外は、本屋で少し目を通してから購入するかどうか決めれば、買って帰って後悔することが少なくなります。

郵便物やダイレクトメール

毎日のようにポストの中に投げ込まれるチラシ。

マンションの厳重なオートロックなら幾分防げますが、出入り自由な集合住宅や一戸建ての場合、投げ込みのチラシが途切れることがありません。

数日留守にしただけでも、こまめに処分しないとポストの中がゴミの山のようになってしまいます。


ポストの中の郵便物はすぐ読み、処理しましょう。

明らかにチラシとわかるものと、郵便物を分けます。

次に必要な郵便物とダイレクトメールを分けます。

チラシと共に不要なダイレクトメールは開封せずに捨てます。

残りの郵便物を手紙、公共料金などの請求書やデパート、カード会社からの通知などに分けて、必要なものから開封します。

引き落とし明細や領収書は、項目ごとにファイルし二年間は保管します。


こうした作業を毎日の習慣にしてしまえば、不要なチラシなどでゴミの山を作ることもなく、大切な郵便物を無くしてあわてることもありません。

部屋も気分も〝スッキリした毎日〟が手に入ります。

捨てられない〝厄介な〟もの

なかなか処分できないものに、想い出の品々や、いつのまにか集まってしまった記念品などがあります。

昔の写真や手紙、プレゼントやカードなどは、決別するのはむずかしいもの。

リビングなどに住んでいる人の歴史を感じさせる写真や品物が飾られていると、生活感にあふれた暖かい場所になります。

しかし、これらの品々もあふれるほど多くなると、ホコリもたまり、別の置き場所が必要になります。

想い出の品は、あなたの過去の遺産で大切にしたい気持ちはよくわかります。しかし、こだわらずに適当に処分する意志が必要です。

昔の感情も人も変化するもの、いつまでも過去にこだわると建設的な将来へ進めません。

もちろん、すべて潔《いさぎよ》く捨てることではありません。

年齢を問わず、過去の経験を大切にしながら、前向きに人生を歩んでいこうとする気持ちが大切です。そのためには、〝過去の遺産〟の整理整頓も必要です。

想い出の品々は、いろいろな影響を人に与えます。

まず、不愉快で悲しいものから古い順に自分から切り離す努力をしましょう。

いつのまにか集まったもの

ある日、引き出しを開けると、奥から古い切手やテレホンカードがどっさり出てきた、そんな経験はありませんか。

使わないものは、思いきって専用のリサイクルショップに持ちこみましょう。

私の経験では、古い切手は、年代によってはかなりの額になり、なにげなく捨てずに集めた〝過去の遺物〟に貨幣価値がつくことがあります。

必要でないものを取っておく理由は、もったいない、いつかは使うかもしれない、高かったなど、いくらでもあります。

衣類などは、買ったときが高額でも、ブランド価値がなければ、いったん処分となるとゴミ同様の価値しかないことを忘れないこと。

これまで集めたわがコレクションで、唯一残しているのは、テディベア。

現在は七匹にしぼり、順番に寝室に飾ります。

こうすれば、出し入れのときにホコリを払ったりできるので、管理が行き届き収納もデパートの紙袋一個に収まり、場所も要りません。

譲るルール

不用品を処分するときに、思いつくのは〝知人にあげる〟ことです。

衣類やバッグなど、相手がほんとうに欲しがっているかどうかを確認してから声をかけましょう。自分が要らない衣類は、値札のついた新品ならいざ知らず、他人にとってもほとんどがうれしくないものだと思って間違いありません。

リサイクルショップやバザーに出すのも一案。

気兼ねも要らず、ほんとうに必要としている広い世界の人々に役に立つかもと、やさしく温かい気持ちになれます。

ものが多いと危険がいっぱい

床にはものを置かない理由は前述しましたが、自分の部屋では安心して過ごしたいものです。

例えば、湿気が多いバスルーム。

多くのものでごちゃごちゃした状態だと掃除が行き届かず、天井にカビがはえたり、小物などに水垢《みずあか》、カビなどで床がぬるぬるして滑りやすくなり、転んで頭を打ったりして危険です。

シャンプーやせっけん、洗面器など、必要最小限のものを置くようにすれば、使うたびにさっと拭くだけで、手間も時間もかからずいつも清潔でカビの予防にもなります。

包丁やはさみなど、〝危険物〟は使ったら必ず元の場所に戻す。思わず手にふれたりしてけがをする場合があります。

床にものを落としたら必ず拾う

電気のコードも使ったら必ず元にしまいます。

とくに動きの鈍くなった高齢者は、足を引っ掛けて転倒する恐れがあります。

きちんと整理整頓された部屋は、清潔で誰もが一番安心して過ごせる最高の場所なのです。

3章

単純に使う

時間とお金の流れをスムーズに

時間の使い方

「時は金なり」と言われるように、時間とお金はよく似ています。

時間もお金も現実であり、どちらも〝何に、どう使うか〟を考えることが大切なのです。

限られた自分の時間とお金を、どう上手にやりくりして使うか、それによってあなたの人生が大きく変わると言っても過言ではありません。

時間やお金を節約し、コントロールするのではなく、あなた自身があなたの行動を単純に管理すれば、時間もお金も流れがスムーズになり、快適で幸せな毎日が送れることでしょう。

時間を上手に使う

時間をうまく使う人は、作業にかかる時間を知って、絶えず優先順位を考えて行動しています。

本人は無意識の行動でも、最初は考え意識して行動しているうちにやがて自然に身についてしまったのです。

思いつきで急いでやっても、それが良い結果をもたらすものでなければ意味がありません。

効率的な時間の使い方とは言えないのです。

もちろん、たまに衝動的に行動したことが思いがけず良い結果をもたらすことがあります。

しかし、たいていは、うまくいかず、時間のムダ使いに終わることが多いのです。

一日の行動目標はせいぜい二個まで。優先順位で決めます。

それらに自分のやる気のエネルギーを集中させればいいのです。

あれもこれもやらなければ、と考える人は結局何もできずに中途半端に終わってしまうことがあります。

自分の能力も考えず、あれもこれもやれると欲張ったり、抱え込んだりしてしまい、結局はどれもやり遂げずに終わってしまうのです。


一日は24時間しかありません。

限られた時間内で、睡眠も家事も仕事も家族の世話も付き合いも何もかもすべて完璧にはできません。

どんなに忙しくても、短時間でも自分の自由な時間は大切にしたい。

だから、しなければいけない順に、できることから完成させることが大切です。

現実の小さなことは、すぐ解決する習慣を持つ。

どうしてもその場で解決しなければいけない重大事件なら別ですが、部屋のホコリを見つけたくらいなら、まずそれだけをきれいにします。

間違っても、掃除機を出して部屋中をきれいにしようと思わないことです。

時間のあるときにやればすむことを、予定にないことを気になって片付けようとすると体力も貴重な時間も余分に費やすことになってしまいます。

この時間に対する意識や習慣は、家事以外の仕事でも同様です。

計画は一週間単位

会議や会合、パーティなどの予定は別ですが、したいことやすべきことの計画は一週間単位で考えましょう。

人生は予期せぬ出来事の連続です。

予定外のことが入り、その日にしなければいけないことをリストアップしたのに、いくつかできなかったことが残ってしまうものです。

せっかく計画を立て、時間を管理したはずなのに、やろうと思ってできないことが続いたり、山積みになったりすると、心まで重く憂うつになってしまいます。

生真面目な人なら、自分はダメ人間とまで思い込み、自信喪失にもつながりかねません。

やるべきことやりたいことは、一週間単位で計画します。

その中から、優先順位をつけ、今日はこれとこれをやると決めるのです。

例えば、私は金曜日の早朝に掃除機をかけますが、もし仕事で留守にすることがあれば、別の日か翌週に回します。

できなかったことを悔いるより、できたことを喜ぶようにします。

予定なしの空白の時間を作る

手帳にスケジュールをびっしり埋めて安心する人がいます。

多くの予定を入れて毎日忙しくすることは、若くて元気なうちはいいのですが、年を取って体力や気力がついていかなくなると急に喪失感におそわれ、自信がなくなり老け込んでしまいます。

ある60代の知人は、忙しく飛び回っていた仕事を辞めて、急にスケジュール表が空白になったら、何をしていいのかわからず、元気がなくなり、軽度の認知症と診断されてしまいました。今は治療中ですが、何事も極端ではなく、緩やかなカーブが人生には必要かもしれません。

週のうちどこかに、まとまった時間をフリータイムとして空けておきましょう。

身体の具合が悪くなったり、急な用事ができたり、ものを片付けたり、誰かと話したくなったり、そんな時、予定を変更せずに気兼ねなく自分のために余裕を持って時間が使えます。

この方法は、あるとき急に他の用事で予定をキャンセルせざるを得なくなったとき、罪悪感がなく心に余裕を持って過ごせることに気がついたのです。

以来、必ず、空白の時間で〝一息《ひといき》〟入れるようにしています。

自由に使える自分のための時間は、他人ではなく自分が管理するので、ハリと元気が出て、毎日の生活がスムーズに流れます。

「イエスマン」にならないこと

ほんとうは〝ノー〟と言いたかったのに、〝イエス〟と引き受けてしまい、そのために自分のやりたいことの時間が足りなくなって困った経験はありませんか。

ある人に他人からの頼みごとが集中するのは、よほど能力があるか優柔不断かそのどちらかです。

経験からも、他人の言いなりにならず、キッパリと断る人には頼みごとは言いだしにくいものです。

ただし、はっきりと〝ノー〟と言うのは、いくら自分の主張をしっかりと持っていても、相手によってはなかなかむずかしいことがあります。

ややもすれば、やりにくいと変人扱いされることもあり、人間関係に悪影響を及ぼす場合もあります。

〝ノー〟と言えなかったことで、自分の時間が足りなくなることは避けたいものです。

どうでもいい人にはキッパリと断りますが、大切な相手に悪い印象を与えずに断る方法は身につけておくべきです。

＊すぐその場で返事をしない

考えさせてくださいと言いつつ、あとでよく考えたら、やはりむずかしいのでと時間を置いてキッパリと断ります。

相手に一応真面目に考えてくれたという印象を与えます。

＊まず申し出を〝肯定〟してから断る

とてもいいお話ですが、今は雑事で手が離せなく、能力がなくて申し訳ありませんと、自分のせいで受けられないような言い方をする。

これまでの私の経験からも雑事の内容を聞く人は皆無なので、詳しく話す必要もありません。

時間と上手に付き合う

限られた一日24時間を大切に使いましょう。

前述したようにホコリを見つけたような、ちょっとした用事は必ず5分以内に処理すると決めておきましょう。

あなたは、いつも突然の小さな用事に気を取られ、片付けようとしませんか。急に降ってわいた小さな、どうでもいい用事ばかりを追っていると、一日があっという間に過ぎ、今日はいったい何をしていたのか、ということになります。

限られた時間を単純に管理し、有意義な時間を過ごせば、心身ともに健康的な生活が送れます。

＊今の瞬間に感謝し、気持ちを新たにすれば、暮らしが新鮮に感じられる

考えを変えることで、面白くなかった仕事や家事を大切にする気持ちが生まれます。

＊散歩で目にするものを少し長く見つめる

その他、まわりの日常のものを見つめる時間を少し長くすれば、違う世界が広がります。

5歳の夏、急に高熱が出て、生死の境をさまよった後、一カ月ほど点滴をしながら自宅のベッドに寝たまま天井を眺めて過ごしたことがあります。

毎日、転々とついた天井のシミを見ていると、それがウサギや犬に見えたり、見知らぬ国のお城や山々の姿だったり。

子どもながらの知恵であらゆることをいろいろと想像すると小さな胸は高鳴り、早く元気になって外を駆け回りたい、そんな気持ちがあふれ出てきたのです。

三つ子の魂《たましい》百までも。今でもその時の楽しかった習慣が残っているのでしょうか、得体の知れない形やものを見ながら、あれこれ想像すると元気が出てくるのです。

ある研究では、ものを数秒長く見つめるだけで、ものへの想いが高まり愛おしくなるそうです。

ただし、じっと見つめるのは、人間ではなくものを対象にしないと、気があるのかなと誤解されたり、変な人と避けられたりするかもしれません。

＊休日は、パソコンや腕時計から離れ、自然と触れ合う

時間から解放され、暮らしに対する想いが、簡単で新しく新鮮になります。

＊家事や仕事のやり方を変えてみる

急いでやったときに比べ、かかる時間があまり違わないことが発見できます。さらにもっと上手な方法が発見でき、時間管理が上達するかもしれません。

時間配分を考える

家事であれ仕事であれ、どんな作業も時間配分を考えながら行動する知恵を身につけましょう。

作業にかかる時間もつかめ、自分が何を優先すればいいかもわかるようになります。

さらに、時間に対する関心も高まり、どんなリズムやサイクルで生活したらいいのかがわかるようになります。

自分の部屋全部に掃除機をかけるのにどのくらいの時間がかかるのかを知っておけば、前もってスタートし終わるまでの自分のリズムと時間がわかり、効率よく仕事が終わり、余力を残しながら元気に別の仕事にスムーズに取りかかれます。

一つの作業をする場合、準備し、スタートからやり終えるまでのスムーズな流れが大切で、その自分なりのリズムがわかれば効率よくできます。

例えば、朝に強く夜に弱い人は、午前中に重要な仕事を配分するようにしたほうがいいし、夜型の人はその逆です。

それぞれ自分のエネルギーを全開できる時間配分を考えることが大切で、時間の有効活用にもなります。

〝あわててやる〟より〝手早くやる〟

時間がない、とあわてると、小さな失敗をすることが多く、そのために時間も余分にかかり、生活のリズムが乱れ作業のペースも落ちます。

手早く効率的にやれば、仕事への集中力も高まります。

5分で拭き掃除ができる床の範囲がわかっていれば、集中力が増し、仕事の質も高まり、身体も疲れません。

5分後には拭き掃除は完全に終わり、きちんと仕事を終えたという達成感が体中にあふれることでしょう。

〝やり残し〟の習慣を改める

何事も途中でやり残すクセはありませんか。

きちんと最後までやって次の行動に移れば、あとでそのやり残しを完成させる必要がないことを自覚しましょう。

例えば、使った後の化粧瓶のふたを閉めないとか、何かを取り出した後引き出しを開けたままにするとか。よくあるのは、脱いだ服をソファや床に投げ捨ててそのままにすることです。

これは、次の動作に移るのに時間がないからと、ふたを閉める時間や元に戻す時間を節約したように見えますが、脱いだり使ったりした後にすぐやれば数秒もかからないことを覚えておくことです。

すぐやれば、ほんの数秒で終わる動作もやり残せば、いつかはそれを片付けなければなりません。

けして時間の節約にはならないのです。さらに、そのような生活が続けば、やがて部屋中が散らかり放題になるのは時間の問題です。

〝起承転結〟という言葉がありますが、どんな動作も、それが歯を磨くような当たり前で簡単な動作でも、準備し、実行し、完了まできちんと最後までやり遂げる習慣が大切なのです。

最後にきちんとチューブのふたを閉める、つまり、やり残しがない状態にならない限り、仕事（歯磨き）が終わったという気持ちにならないようにすることです。

前述したように、日常のあらゆる動作の中に、〝やり残す習慣〟があるのを知ることです。〝やり残しクセ〟すべてを一度に直すことはむずかしいかもしれませんが、簡単なことなので、一つずつできることから身につけることは可能です。

一言で言えば、他人から見て〝だらしない〟と思えるものから改善していきましょう。

歯磨きチューブのふたや引き出しを閉めないこと以外に……。

日常生活にはその気で探せばいろいろあります。

自分の行動を客観的に見つめ直してみましょう。

他人が見て、だらしないと思えることはたくさんあるはずです。注意をされなくても、人は不快感を持ってあなたの行動を見ているものです。

* 食べた後の食品の包装紙やパックをゴミ箱に入れず、食卓やソファの上に置きっぱなしにする
* 小銭を財布に戻さず、ポケットに入れたままにしたり、あるいは机の上に放置する
* 脱いだ服をハンガーにかけない
* 使った道具や手を拭いたタオルを元に戻さない
* 脱いだ靴をそろえない
* 開けたドアは閉めない
* 使った後の洗面台の水滴をそのままにしておく
* 水道の水を出しっぱなしで歯を磨く

まだまだありますが、このような〝だらしない〟生活は、決して時間の節約や効率的な使い方とは言えず、単純な生活の邪魔にさえなります。

秒単位の行動

かつて、ふだんの家事行動がどのくらいかかるか、タイマーで計ったことがあります。なんと驚いたことに、ほとんどの作業が、数秒単位しかかからなかったのです。

机を拭くのに5秒、使った後のレンジ台まわりを拭くのに20秒、場所を区切って掃除機をかければ畳三枚なら1分くらいしかかからないのです。

領収書の整理も、その日の分をこまめにやれば、一回の作業にものの1分もかかりません。

すべての家事作業は、1分あれば十分なのです。

私のつたない経験から、時間がかからないことを知れば、すぐやったほうが簡単でラクに思えてきました。

新しい仕事をやる場合も、これはどのくらいかかるかとある程度の予測を立てるようになります。

疲れているから、面倒だからと自分を甘やかす前に、さっさと片付ける習慣を手に入れることです。

秒単位を意識し大切にする習慣は、〝だらしないクセ〟を一掃し、自分でもびっくりするくらい、いつのまにか身の回りがスッキリと片付くことでしょう。

テレビを観る時間

たまには、何の目的もなしに、ただぼんやりテレビを観て過ごすのもいいでしょう。
その場合でも、何時までと、自分に言い聞かせ、観る時間を決めることは必要です。
長い時間、ダラダラとテレビを観て過ごすのは、時間と労力のムダになります。
じっと座っているので、運動不足にもなります。
家事をしながら、ラジオのニュースを聴くのはおすすめです。
手や身体を動かしながら聴けるので、活動的で元気が出てきます。
ラジオは、あれこれ想像しながら脳細胞が働くので、知識も得られボケ防止にもなりそうです。

留守電はすぐ消去

私が住んでいる地域は、オレオレ詐欺が多く、被害に遭わないために必ず留守電にしておくようにと言われています。

最近は、メールや携帯が増えたので、親しい人や仕事関係が固定電話にかかってくる確率は低いのです。

メールをしない親戚のお年寄り、保険や銀行関係の営業セールス、リサイクルやゴルフの会員権の勧誘、不動産の売買に関するものが中心。

もちろん、たまにはサギっぽい案件も含まれます。

一日数件のメッセージが残されていることが多く、再生したら必要なものはメモし、他はその都度《つど》消去してしまいます。

明らかに不要なものは、時間のムダなので、冒頭の名前だけ聞き途中で消去ボタンを押せば煩《わずら》わされることもありません。

外からの情報を止める

食品には、宣伝のコピーがあふれています。

ビスケットやパスタの袋にも、宣伝のコピーがにぎやかについています。

冷凍食品やビールなどは、中身を袋から出すことはできませんが、パスタやビスケット、小麦粉や砂糖などは、箱から出し、透明のガラス容器に入れ替え、消費期限を書いたシールを張るだけで、戸棚がすっきりし、ていねいに暮らしている印象です。

パスタは袋から出し、大き目のペットボトルに入れ替えると、出すときに〝ひとふり〟が一人前の量になります。

作業時間を見積もる

前述したとおり、これからやろうとする作業の大体の所要時間がわかっていると、心に余裕が生まれ、効率的に時間が使えます。

どのくらい時間がかかるのかを正確に知ることで、中途半端で終わることもなく、最後まで安心して作業に集中できます。

時間の流れがスムーズになり、思ったより早く終わることもあります。

余った時間によっては、自分へのご褒美《ほうび》のお茶の時間にすることもできます。

人より動作が遅いと感じる人は、仕事にかかる時間を多めに余裕を持たせれば、時間と心にゆとりが生まれます。

では現実の行動にどのくらいの時間がかかるのか計って確かめてみましょう。

＊ベッドから起きて、身支度をし、キッチンに立つまでの時間

* 朝食後、食器を洗い片付けるのにかかる時間
* 家から、電車の駅、バス停まで歩いてかかる時間
* 近くのデパ地下やスーパーで買い物をし、帰宅するまでかかる時間
* 職場への往復時間
* 一回の食事にかける時間
* 友人とのランチの時間
* 身体がスッキリする睡眠時間
* 散歩に要する時間

そのほか、時間のあるときに、ゲーム感覚で計ると、「へえー、ずいぶんかかるものだ」と驚いたり、「意外と速くできる」と感心したり、新しい日々の発見があるかもしれません。

さらに時間を大切にする気持ちや暮らしへの愛着も生まれそうです。

行動と行動の〝つなぎ〟の時間

次の行動に移る時間、長短ありますが、どのように過ごすかは重要です。

人生は、行動そのものも大切ですが、むしろ、行動と行動の〝つなぎ目〟で得られる知識や知恵が、生活を単純化し、心を豊かにしてくれることがあります。

いつも予定時刻ぎりぎりで、待ち合わせの場所に飛び込んでくる知人がいます。前の打ち合わせが長引いたとか、家を出る前に電話が入ったとか、それぞれの理由がありそうです。

でも、少し余裕を持って行動すれば避けられることなのにと、あたふたと駆けずり回っている知人の姿に、気の毒にとつい同情さえ覚えることがあります。

このタイプは、ガソリンが切れる直前まで車を走らせていることが多いのではと想像してしまいます。

もし、高速道路が混んでいたり、山奥でガソリンスタンドが見つからなかったらどうしようと考えないのでしょうか。

ちなみに私は、車のメーターのガソリン表示が半分になれば満タンにします。

こうすれば、何があってもガス欠で困ることだけはありませんから安心です。

行動と行動の間に、移行時間、つまり〝つなぎの時間〟を考えて予定を組むことは重要です。

余裕のない行動は、遅刻をしたり、約束をキャンセルしたりしなければいけない最悪の恐れも出てきます。

時間ぎりぎりに飛び込めば、重要な会議に集中するのに時間がかかります。

家事も仕事も〝つなぎの時間〟が大切で、何をするかによって次の行動の内容や質が変わります。

さらに落ち着いた気持ちで仕事に取り掛かれます。

つなぎの時間をどう過ごすかを考える

つなぎの時間にできることはいろいろあります。

＊次の行動の準備をします。

仕事の資料を読んで、神経を集中させる

朝食の片付けと同時に、次の食事の献立を考える

＊一つの行動が終わったら、部屋を出る前にタオルはかかっているか、靴はそろっているか、読んだ書類は整理整頓されているかなどをチェックしてからその場を離れる

会議が終了した後、かならず自分の座っていた机を振り返り忘れ物がないかどうかも忘れずに

＊トイレで身だしなみをチェックし、自分の用事をすませる

＊会議の前や外出時には、水を飲んで、体調を整えてから

＊重要なメールや電話の返信をする

＊背伸びしたり、深呼吸をし、目を閉じて心を落ち着かせたり、気分転換をしてから次の作業に取り掛かる

気分を変える

日々の行動のマンネリ化は、やる気をなくします。

新しいエネルギーを補充する引き出しをいくつか持ち、上手な気分転換を図ることです。

時間を効率的に使い、仕事のできる人は、自分なりの行動のメリハリをつけるため、新しい気力を自家発電できる方法や場所を知っています。

今やっている仕事や作業のめどがある程度つけば、違った場所に出かけましょう。ふらっと見知らぬ街へ出かけるのもいい、近くの公園を散歩するのもいい。

私は、近くの明治神宮《めいじじんぐう》のお気に入りの樹木のそばで、寝ころんで本を読むのが好きです。コンビニやスタバでテイクアウトしたコーヒーがあれば、自然に囲まれた〝マイ・

オープンカフェ〟になります。

自分が思いきりのびのびとでき、気分が変わる場所なら、その気になって探せば、まだまだありそうです。

充実した時間を見つける

年を重ねるごとに、一日が千金以上の価値があると自覚することです。

忙しくするだけではなく、老後が楽しくなる時間の過ごし方も大切です。

定年制度の廃止や雇用延長する会社も増え、いつまでも元気なうちは働き続けることは大事です。

50を過ぎたら、どのような働き方、過ごし方をするかは人それぞれですが、仕事が無くなったら、急に老け込んでしまったりしないようにしたいものです。

仕事が減れば、収入も交際範囲もシフトダウンすることは当たり前。

少しずつ現実に対応できるように、気持ちも身体も、そして暮らしサイズも適応させていきましょう。


定年後、これまでと違った生き方をしたいと田舎暮らしや趣味の世界に生きるのもまわりの理解や経済的に余裕のある人にとってはいいかもしれません。

ただ、過去にこだわらなければ、収入や処遇はダウンしますが、楽しみながら少しの時間働くことも可能です。

短時間外に出て、これまでと違う仕事をするのも、生きるハリになるものです。


ハローワークなどでも高齢者向けの仕事を紹介してくれます。

私がボランティアで講師をすることがある、地域のシルバー人材センターに登録すれば、子どもの見守りや交通安全、高齢者の家事サポートや送り迎えなどもあります。

最近では、公共の介護施設では、元気なお年寄りが介護の必要な高齢者の食事の世話をする地元ボランティアも募集しています。

商社勤めが長かった知人は、定年後、ＪＩＣＡ（国際協力機構）のシニアボランティアに参加し、アジアのある国で農業技術を教えています。

わずかですが収入も得られ、ありがとう、と人から感謝される働き方は、人生の後半を迎えた〝黄金の老後〟を空費させないために大切です。

お金の使い方

お金への考え方を変え、お金に嫌われない使い方をすること。

お金に好かれる人は、お金を上手にコントロールできます。

メリハリのあるお金の使い方を知っているのです。

お金は、老後資金がもっと必要だと眉間《みけん》にしわを寄せて貯めるためだけではなく、上手に使うためのものでもあるのです。

できれば、ある程度の年を重ねれば、お金をかけずに心が喜ぶ上手な暮らし方を工夫するべきです。

お金があれば幸せだと、思い込んでいる人がいます。

確かにお金があれば一瞬の幸せを運んでくれますが、お金がなければ不幸だというわけではありません。

お金が十分になくても、健康でたまに小さな贅沢《ぜいたく》ができ、住まいが確保されて、食べるもの、着るものに困らない暮らしができれば十分幸せを感じる人もいます。

自分の足元を見つめ、〝**足るを知る**〟ことが大切なのです。

ああ幸せ、と感じるのは、心が満たされているからで、お金ではありません。

大金持ちでも心が飢えて寂しく不幸な人はいます。

老後貧乏にならないために、年金以外に二〇〇〇万円以上必要！

こんな雑誌や新聞の記事を目にし、必要以上の不安や焦りを感じる人も増えているようです。

人間には無限の欲があり、それらを追い求めてもきりがありません。

気持ちを切り替え、自分の心が満足することに思いを馳《は》せましょう。

徒然草《つれづれぐさ》の中で、吉田兼好《よしだけんこう》も説いているように、

〝衣食住に薬があれば貧乏とは言わない〟のです。

人にとって幸せと言えるのは、着るものがあり、食べるものも手に入り、雨露がしのげる住まいがあり、それに薬（健康）があればいいのです。

時代が変わっても人の暮らしの原点は変わりません。

確かに、これ以上の贅沢をしようとするから、心が貧しくなり、幸せを感じられないのです。

たとえ、ささやかでも今の自分の持ちものや暮らしに満足し、楽しむ。

これが幸せへのカギなのです。

見栄を張らないお金の使い方

同じお金の額でも、考え方や使い方はそれぞれ。

少ない、足りないと思う人もあれば、これで十分と感謝する人もいます。

満足しない人は、分不相応に借金を重ねるでしょうし、十分と満足する人は能力に応じてつつましく小金を大切にして暮らします。

ブランドのバッグや服などに狂乱したバブル時代も去り、最近の若者の間には将来の不安からか、現実的な暮らしへのこだわりが高まり、お金を出すものは自分の関心のあるものやコトだけという人が増えました。

最近、ボートの免許の更新会場で知り合った40代の男性は、海が好きで、家代わりの自分のボート（クルーザー）から通勤し、夏はTシャツとジーンズがあれば十分、自炊するので生活費もかからず、年収三〇〇万円でも悠々《ゆうゆう》自適《じてき》だと話していました。

ちなみに、彼の所有するボートは、中古でも数千万円、長期の航海もできるので、生活用具は何でもそろっているという。

こんがりときつね色に日焼けした彼の健康そうな顔を見ていると、単純で充実した人生を送っている様子がうかがえ、うらやましいと心底思ってしまいました。

人にどう思われるかではなく、自分の主義主張やテーマに合ったお金の使い方が必要です。

普段は質素に暮らす、でも、旅行で泊まるホテルは上質で高級なサービスを期待できる場所に、着るものは高級ブランドではなく素材や質感を大事にして選ぶなど。

自分の生き方、暮らし方へのこだわりを持ち、お金の使い方にはメリハリをつけて暮らすことです。

一点豪華主義に生きる

掃除のたとえで恐縮ですが、この技は、掃除でもいえます。

水回りでは、最後に蛇口をピカピカに磨いておけば、全体がまるで宮殿のように美しく輝いて見える、これはプロの技です。

普通のブラウスに、古いアンティークの高価なブローチをつければ、じゃらじゃらと高級ブランドで全身を着飾るより、着る人の品のいいセンスが光ります。

お高かったでしょう、と気に入って選んだ安物を実際の値段以上に評価されると、うれしくなるものです。

お金の使い方にもその人の暮らしのセンスが感じられるようにしたいものです。

お金を散財しない。

こだわりのものやいいと思うものを数少なく持つ。

これが成熟した大人の上手なお金の使い方なのです。

お金から解放される

お金に無関心ではいけないけれど、執着してもお金が逃げていきます。

老後にお金が何千万円必要と言われると、蓄《たくわ》えのない人もある人も不安に駆《か》られます。

蓄えのない人はどうしたらいいのか焦り、ある人はこれで足りるかと心配になってきます。

どんなにお金を持っていても、もっとお金が欲しくなる、持たないと安心できないのがお金です。

これは、お金に執着している人が多いせいかもしれません。

お金なんかどうでもよいとは思いませんが、情報などに振り回されずに、ある程度の蓄えや収入があればこれで良しと、思うこと。

ぜいたくな暮らしをしなければ、なんとか食べていける、そのくらいの開き直りも必要な時があります。

事業を始めたばかりのころ、お金がなく将来どうなるかと心配になったこともありますが、〝お金がなくて死ぬことはない〟、〝何とかなる〟と考えたら、急に目の前が明るくなり、気持ちが前向きになり、生きる勇気が湧いてきたことがあります。

お金は人生のすべてではないのです。

ほんとうの豊かさは、お金でものを買うことではなく、知恵や工夫を駆使《くし》し豊かに幸せに暮らすことなのです。

関心をお金ではなく、人やコトに向けてみることです。

人生では、お金で買えないものこそ貴重な財産ですから。

ものを持ちすぎない

既にお話しした通り、豊かさはものの数ではありません。

せっかくお金を使って多くのものを買ったのに、気がつけば家中にものがあふれ、さてこれらをどうするかと、整理整頓に悩む人が多いことも現実です。

ものが多いと、管理するのに時間も手間もかかり、家じゅうにホコリがたまり健康にもよくない。

ものが多いと管理が行き届かず、同じものを繰り返し買ってムダが多い。

毎日、多くのものをながめるたびに、憂うつな気分になる。

豊かな気持ちを味わいために、多くのものを買い続けた結果、心も身体も貧しくなってしまったのです。

多くのものに使ったお金は、過去の現実で、新しい未来のお金や希望を生み出してはくれません。価値が上がった骨董品《こっとうひん》は別ですが。

むしろ、ものにあふれた現実は、風通しが悪く、新しい何かを作り出す気力やエネルギー、お金の流れまで止めてしまうのです。

多くのものを処分し、暮らしをスッキリさせることは、前向きで健全な人生を歩むためにも必要なのです。

節約ではなく、ていねいに暮らす

年金暮らしになって収入が激変したから、節約をしなくてはと焦る人がいます。

節約は、ムダを省いて生活を切り詰め、要らない出費を抑えることです。

でも、生活が苦しいからという理由で始めると、貧乏くさくみじめな気持ちになります。

年を重ねてからの節約は、これまで蓄えてきた知恵を使い、快適なスリム生活を楽しむためのものであるべきです。

ヨーロッパでは、ドイツ人は〝ケチ〟だと言われます。

若いころから節約精神を持ち、ムダな買い物はせず、つつましく清潔な暮らしが当たり前の彼らは、年金生活者になってもあわてず焦らず、淡々とそれなりに暮らしを楽しんでいます。

ドイツ人の友人は、ケチではなく合理的なのだと言います。

けしてお金を使わないのではなく、自分にとって不要なもの、ムダなものを見定め、計画的に目的を持ったお金の使い方をしているのです。

ちなみに友人は、年金暮らしになっても、年に一度、夫婦で外国旅行を楽しんでいます。

お金の使い方にメリハリをつけ、お金は、何にどう使うか。

ものを大切にムダなくつつましく過ごせば、お金の心配もなく、心も豊かに過ごせることを知っているようです。

借金をなくす

お金は魔物です。

たくさんあってもなくても、いつも何らかの心理的影響を与えるものです。

まして、自分のお金でなく他人からお金を借りていたなら。

この場合の他人は、人からの借金、ローンなどです。

大きな買い物、不動産とか車など、一応ローンを組むことが多いですが、早く返すことを目標に掲《かか》げること。

長期の住宅ローンは、できれば繰り上げ返済の計画を立て早めに返してしまいます。

勤め人なら、定年前には完済することが目標です。

貯金があることより借金がないこと、それは老後の生活への自信につながるのです。

借金は恥じることではありませんが、自慢することでもない。

私が創業した時は、ちょうどバブルがはじける直前でした。

当初、担保も何もないので銀行は相手にしてくれませんでしたが、数年後、事業が軌道に乗り始めると、お金を借りませんかと甘い誘いが来ました。

断ると、借金も実力のうちですよと、若い銀行マンに、なぜ借りないのか？　と不思議がられました。

借金の甘い誘惑にも負けず、分相応に事業も家計同様やりくりしてきたので、いまだに個人も会社も借金ゼロ、無借金経営です。

それが自分の実力だと思っているので、それ以上の多額の借り入れはしない。

バブル時に、銀行から多額のお金を借り、事業を拡大したがうまくいかず会社は倒産、〝天気のいい日に雨傘を貸してくれるが、雨が降ったときは雨傘を奪ってしまう〟と銀行を恨み嘆いていた知人の言葉は、いまだに耳に残っています。

年を重ねるにつれ、借金がないので引け目を感じず、誰に頭を下げることなく自由で気ままな生き方ができる、こんな心地よさが気に入っています。

持っている以上のお金は使わない

家計がいつも火の車でマイナス、これは自分の能力以上のお金を使うからです。

収入以上の生活をしていると、収支がマイナスになる。

簡単なことです。

ものはなるべく現金で買う習慣を持ちます。

ある調査では、カードを使って買い物をすると、自分の財布の実状がわからず、気が大きくなり、現金のときよりも大きな買い物をしてしまうそうです。

セールなどで洋服を買う時は、なるべく現金で買うと、自分の現実の財布の経済状態を意識するようになります。

どうしてもカードを使わざるを得ないときは、必ず利息が付かない翌月の一回払いにします。

小銭を大切に

チリも積もれば山となる。

収入を増やすことも大切ですが、それより今の自分の経済状態の現実に目を向けましょう。

日々の暮らしで払うわずかな金額も大切にします。

何処《どこ》が安いかなど、食料品の細かい差額も気にする習慣は大切です。

もちろん、チマチマ、ケチケチと心が淋しくなるほど気にする必要はありませんが、ものを買う時の〝安い、高い〟のお得感をゲーム感覚で身につけると、自然とつつましい金銭感覚が生まれるものです。

現金主義

昔は、今のようなカードもなく、すべて現金で支払っていました。

年を重ねるとともに、これ以上ものを増やしたくないと、欲しいものや買いたいものが少なくなります。

ただ完全に欲が無くなると、これもまたしょぼくれて、見た目の若さや気力までなくなってしまいます。

知り合いの一〇〇歳の婦人が、外出用のブラウスを買ったと嬉々として話してくれた時、何歳になっても、少額でもお金を使うことは生きる元気の源《みなもと》なのだと実感しました。もちろん、カードでなく現金で。

ある程度の必要な現金（一万円以内）は持ち、それ以外はなるべく持たない生活にする。

高齢者を狙った、路上でのひったくりやスリなどにあっても、被害額が少なくてすみます。

買うものも予定した最低限の食料品などに限られるので、常に財布に何千円かの現金を入れておくだけで十分。

支払う時は、現金なので、財布を覗《のぞ》きながら、おつりはいくらと暗算する習慣も身につき、脳トレにもなりそうです。

現金で支払うようにすれば、自分の現在の財力の確認にもなり、〝大根は一本いくら〟などと今の物価を知ることで、社会とのつながりを実感することができます。

お金をかけずにプチ〝贅沢《ぜいたく》〟に暮らす

繰り返しますが、心豊かな暮らしは、お金では買えません。

貧しさも豊かさも、しょせん気持ちの持ち方なのです。

老後は、ものの多さを誇るより、むしろ、ものやお金に頼らず、きちんとていねいに暮らすほうが豊かで安心できます。

自分の現在の資産を把握したら、その範囲内で楽しく暮らす方法を考えればいいのです。

お金に頼らない豊かな暮らし、そのための新しい発想や感覚を身につけることです。

節約をしなければとみじめになってはいけないのです。

繰り返しますが、お金をかけなくても豊かな暮らしはできます。

毎日きちんと暮らす

不意の訪問客があっても、あわてずにお茶でもと家の中へ誘ったり、トイレをどうぞと気軽にお貸しできるでしょうか。

これらがさりげなく自然にできれば、あなたが毎日きちんと暮らしている証拠です。

どんなときでも、毎朝顔を洗い、寝巻を脱いで、着替えをする。

髪を整え、薄化粧をしてゴミ出しをする。

朝食は、野菜のスムージーや果物だけでもいいから、きちんと食卓に並べて座って食べる。

食後は、食器やテーブルをきちんと片付ける。

たまにはデパ地下の惣菜や外食も便利で気分転換にはいいが、基本は少量でも工夫して手作りする。

部屋は、いつもきちんと片付いているよう心がけている。

使ったものは元に戻し、汚れはそのつどきれいにすれば十分。

用事があってもなくても、起床時間や就寝時間は決め、睡眠時間を十分に確保する。

近くを散歩したり、買い物に出かけたり、外の空気にふれたり街の様子をそれとなく肌で感じるように心がける。

日常の何でもない些事《さじ》に関心を持ち、ていねいに暮らせばお金もかかりません。お金が足りなくなったらどうしようなど、将来の不安も消え、〝人生はなるようになる〟と思えてきます。

これこそこれまでの長年の年《とし》の功《こう》です。

一日一日をきちんと生きている実感を持つ、単純で豊かな生活の基本です。

他人のためにお金を使う

年を重ねると、困っている人には、何かできないかと考えます。

自分も若いときに多くの人々のサポートがあったからこそ、今までやってこられたのですから。

少しでもそのお返しを世の中にできれば……。

自分のお金は自分で全部使えば豊かな気分になれると考える人もいます。

でも、自分にできることで、人の役に立つことがないかと探している人も多くいます。

毎年決めた金額を一定の団体に寄付することもいいでしょう。

私の場合、有り余ったお金でないからこそ、寄付をした後は、少し、お金を使うことを控え、つつましい気分になることもあります。

さらに、他人のためにお金を使う自分の〝やさしさ〟をほめてやりたくなります。

4章

単純に生きる！

健康、心、人間関係

健康生活を心がける

何歳になっても、健康で自立した生活を送りたい――すべての人の願いです。健康とは、ただ病気ではないというだけではなく、体力があり、気分や体調が整っていることです。

歳相応に、若さと健康を保つことは、自分らしく自立し幸せに生きるための基本だと思っています。

健康だけのために努力するのではなく、いつまでも元気で幸せな暮らしを手に入れるために健康であることを目指すのです。

食事を楽しむ

年を重ねるにつれ、食事は量ではなく質を楽しむようにしましょう。

なんといっても、食べるものは身体や心を元気にしてくれる源ですから。

知りあいの90歳の父上が、身体に良いからと野菜中心の食生活を続けたら、元気がなくなったというのです。

病院で検査をしてもどこも悪くない。担当医のアドバイスで、週に一回、牛肉か豚肉を食べることにしたら、みるみる血色も良くなり元気を取り戻したそうです。

低カロリー、低タンパク質は偏《かたよ》ると必ずしも身体にいいとは言えないのです。

食が細くなった高齢者には、卵や肉類などの動物性タンパク質も適度に必要らしいです。

あれがいけない、これがいいという栄養情報に振り回されず、要は、幾つになっても野菜やタンパク質を中心に、バランスの良い食生活が大切です。

さらに、食材は、好き嫌いで選ばず、いろいろなものを美味しく食べられるよう工夫することです。

ある研究でも、食事は身体だけではなく、精神にも影響を及ぼすそうです。

身体と心に良い影響を与える食べ物を知っておくと便利です。
私が心がけて食べる食材をご紹介すると――。

＊小腹が空《す》いたときには、牛乳を飲んだり、ナッツ類をつまんだり、脳に良いタンパク質を補います

＊オレンジジュースやバナナは、つかれたときに気持ちをリフレッシュするために、とくに朝は効果的です

＊健康食と言われる豆類や豆腐はサラダにして夜食にします

＊免疫力を増すと言われるにんにくは、わが家の常備食品で、パスタ、炒め物、スープ等には欠かせません

最近は友人に教えてもらった黒にんにくにもはまっています。まるでジャムのような甘さなのでパンにつけて食べます。ただし、友人によると、作るのは大変手間がかかるらしい。

私は、皮ごとオーブンで焼いて食べます。これなら簡単に作ることができます。

* 血流を良くする赤ワインは、チーズやアーモンドをつまみながらグラス1杯くらい。寝る1時間前がベスト
* 身体に良い食材でも食べ飽きたと思えば、数日、食べたくなるまで休むことも
* 旬の野菜は何でも好き嫌いなく

ちなみにわが家の常備健康食品は、

無塩ピーナッツ、牛乳、豆乳、ブルーベリー（フレッシュか冷凍）、手作りらっきょう、梅干、アボカド、キウイやりんごなど旬の果物、干しシイタケ、チョコレート、マシュマロなど。

絶えず切らさないように補充します。

そのほかに、旬の野菜、肉や魚、海藻類などを低カロリーと高カロリーをバランスよく身体に取り入れるようにしています。

たまには、パークハイアットホテルのアップルパイが食べたくなる時もあります。
そんな時は、高カロリーだからと我慢せず、生クリームをたっぷり添えて、身体と心を思いきり喜ばせることにしています。

年を重ねたら、食べたいものを我慢しない。
いくら健康に気を付けても、人の命には限りがあるのですから。
ただ、生きている限り健康で自立した生活を送りたい。
だから、できるだけ、カロリーや栄養のバランスが崩れないように気を配る。
これが身体や心の健康を保つための大切な〝老人の知恵〟なのです。

こまめに食材を買いに出かける

どんなに忙しくても、私は必ず、週に一～二回は食材を買いに出かけます。
前述したように、こまめな食材の買い出しは、店や品物を選び、小銭を出し入れするので脳トレにもなります。

さらに、今の物価がわかり、野菜などは気候変動に影響されることも身近に感じられます。

四季折々に店頭に並んでいる食材、らっきょうや国産のブルーベリーや桃や梨、ゆずやカボスなど、旬《しゅん》の果物や野菜に出合うと季節が実感できます。

日本人で良かったと思うのは、旬のものに出会える楽しみがあること。

先日、イギリスから休暇で帰国した知人が、日本は何を食べても美味しい！　と笑顔で話していたのを想いだします。

最近は、たいていの野菜や果物は一年中手に入り、季節感が薄れてきました。それでも、こまめに買い出しに行くと旬の野菜や果物がよくわかります。

少しずつキュウリやナスの値段が下がり始め、山盛りで店頭に並び始めるとそれはもう夏野菜の季節。

魚も初鰹《はつがつお》や近海のサバ、サンマなどまだまだ〝旬〟のものはあります。

〝旬〟の野菜や果物、魚などは栄養豊富で、季節を感じながらいただく食材は身体も心も健康で元気にしてくれます。

私は、デパ地下で旬の野菜や果物、魚などをながめて、どう料理をして食べるかをあれこれ想像することが好き。

もちろん、こまめに出かけて旬の食材を見逃さないよう、ああ春が近い、秋が来るなど、つねに季節を感じながら暮らすようにします。

骨まで食べる習慣

たまに出かける小さな海部屋では、太平洋の海風を感じながら地元でとれた安くて新鮮な〝魚三昧《ざんまい》〟で贅沢な時間を過ごします。

帰京時には、近くの漁師さんがやっている魚屋でアジの干物を買う。

大きなムロアジより、近海でとれた小さなアジを選んでいると、顔なじみの店主が、お客さん、よく御存知だねと笑う。

地元の人は、小さなアジを丸ごと炭火で焼いて骨まで全部食べると聞きました。地元の海祭りで食べた小アジの炭火焼きの味が忘れられなくて、今ではアジと言えば、生のたたきか干物の炭火焼き。

都会では炭火はムリなので、オーブンでよく焼いて骨までカリカリにして食べる。

魚など、丸ごと食べられる小魚は、カルシウムが豊富でミネラルやビタミンを多く含んでいるので、ちりめんやしらすなどはよく食べていましたが、それに漁師さんに教わった小アジのカリカリ焼きが食生活に加わりました。

アジの干物のカリカリ焼きは、調理方法も単純に焼くだけなので手間いらず。

最近は、郷里の友人が大量に送ってきた瀬戸内のちりめんを見て、ちりめん山椒《さんしょう》を作ろうと、胸がワクワク小躍りしました。

出来合いのものより砂糖やしょう油を少なく薄味にして、生の山椒を入れて煮るだけ。

書きものをしながら、本を読みながら、時間のある時に作っておけば、ワインやご飯のお供になり、食卓が賑わう。

魚に限らず野菜や果物など、食材そのものを食べきる〝全体食〟という食べ方もいろいろと見つけると、食生活が豊かになって人生が楽しくなります。

五色パレット野菜

バランスの良い食生活を心がけることは大切です。

私のような栄養学の素人でも、むずかしいことではありません。

単純に考えれば、野菜を選ぶとき、色で選べばいいのです。

私は、自分で〝五色パレット〟と呼んで、いつも食材選びに頭の片隅に置いています。色とりどりの朝の食卓を見て、まるで水彩画のパレットみたいと家族に言われたのが、この名の由来。

赤、黄、緑、白、黒。

冷蔵庫から野菜を出し、料理をするときは、五色をチェックするだけ。サラダに赤いトマト、黄色の人参、緑のピーマン、白い大根、黒が足りなければ黒胡麻をふりかけるとか。

足りない色は他の料理で補充し、ちょっとした工夫を加えるだけなので、超簡単で気に入っています。

要は、食卓に並べた野菜料理が五色パレットのように色がそろっていればいいだけ。慣れれば、目が覚え、意識せずにできるようになります。

身体を動かす

毎日五〇〇〇歩以上は歩きたいと思っています。

私の携帯には歩数の表示が出るので、目標歩数が達成できれば、今日のノルマ達成と単純に安心し、あとは気にせず、脳裏からその日の歩数を消去してしまいます。

それが無理なら、一日最低30分以上は身体を動かします。

もちろん、連続して動くのが理想ですが、私の場合、一日の累計が30分になればいいので簡単です。

何事もパーフェクトは疲れるので、〝ゆるゆる〟とたまには自分に甘く、余裕を持って生きることにしています。

家では、わざと階段を上って違う部屋にものを取りに行ったり、水やお茶を飲みにキッチンを往復したりします。

外出先では、元気なら、エレベーターやエスカレーターを使わず階段を上ります。長い階段の下りは、ひざの負担になるので、上りのみと決めています。

毎日定時にジョギングをするのは、性格的に向いていないので、一日のどこかで10分くらいの散歩を心がけています。

自転車に乗っても、買い物に出かけても、庭仕事をしても、身体を動かすのは健康的です。

とくに戸外の空気を感じながらの散歩や運動、庭仕事などの作業は最高です。

身体を動かせば、脳内物質のペプチドが出て、脳の働きを活発にしてくれるそうで、ボケ防止にもなりそうです。

そういえば、早足で散歩すれば、嫌な気分がどこかに消えてなくなります。

天候に関係なく、一日のできる時間帯を見つけ、定時でなくても、毎日10分歩くことから始めることです。

トレーニングはやり過ぎない

激しいトレーニングはプロのアスリートたちに任せ、凡人は数分間のトレーニングでも十分効果があります。

ゆったりした筋肉トレーニングなら、苦痛なく楽しみながらやれます。

あえてジムへ出かけなくても、自宅でもできます。

動かない壁や机を強く押せば、足や腕の筋肉が伸びるので、血液の循環を良くします。


生活行動の中で簡単にできるトレーニングを紹介すると、

＊歯を磨きながら、片足で交互に立つ
＊顔を洗ってタオルで拭いた後、両手にタオルを持って大きく背のびをする
＊シャワーの後、タオルで身体を拭くときは全身運動をするような大きな動作で

＊　椅子に座っているときは、つま先を床につけたまま、上下に動かす。いわゆる〝貧乏ゆすり〟をする

＊　窓ガラス磨きは、大きく腕の筋肉を意識しながら動かす

あくまでも、年齢や体力に合ったゆるやかな動きで自主トレーニングを習慣にし、健康的な暮らしを心がけることです。

走ることができなければゆっくりと歩く。

庭仕事で草木や野菜を手入れするのもいい、どんなことでも少しでも身体を動かすことを心がけることです。

近所の88歳の男性は、一日一回、近くのコンビニに散歩を兼ね、日本酒とおつまみを買いに出かけ、帰りは遠回りして帰るそうです。

さすがに台風や嵐、積雪の日はムリですが、少々の雨なら傘をさして出かけるとか。

この男性のように、散歩も何か楽しい目的を持って出かけると長続きするようです。

私は、30分以上同じ姿勢で座って作業をしたり、書きものをしたりした後は、必ず、床にモップをかけながら5分くらい動き回ります。

市販のウエットペーパーや濡れタオルをモップに挟んで床掃除をすれば、身体も元気、床も清潔になり気持ちもサッパリします。

これは超簡単な運動なので、何歳になってもできるよう気力と体力を維持したいです。同時に、自力で身の回りのことができる、健康寿命を延ばす暮らしを心がけたいと思っています。

適度の贅肉《ぜいにく》で身体も住まいもスッキリ

ある調査では、いつもキッチンや食卓に多くの食べ物が乱雑に置かれている家の住人は、子どもも大人も太り気味だそうです。

食事時以外に食べ物が目につくと、ついつまんで口に含んでしまい体重も増えるというわけです。

そういえば、子どものころの食卓は、食事がすめば、食器を片付け、畳んで壁際に立てかけていたのを覚えています。

あのころは、朝昼夜の三食以外、食べるものは三時のおやつのみ。

大人も子どもも間食の習慣はなく、今夜はどんなおかずかなと、食事時になるとお腹の虫がグーグー鳴ったものです。

当時は、まわりの大人や子どもは皆スリムで肥満気味の人をほとんど見かけませんでした。

飽食《ほうしょく》の時代だからこそ、食事はきちんと決まった時間に食べるのが、やはり健康的な食生活と言えるようです。


肥満は、成人病などいろいろな病気を引き起こす原因になり、なるべくスリムになったほうが健康的です。

ただ、太り過ぎは気をつけなくてはいけませんが、中高年の過剰なダイエットは避けたほうがよさそうです。

前述したように、年を重ねての低カロリーは避けたいもの。

高齢になれば、食も細くなり、脂っこいものを避けるようになります。

意識して、たまには高カロリーの動物性タンパク質を取り入れることも大切です。

最近は、チョイ太めの人のほうが健康で長生きするというデータもあります。


動物性タンパク質は魚と肉、卵をバランスよくとるのがいいそうです。

知り合いの一〇二歳のご婦人は、卵と肉が大好きで、野菜も魚も好き嫌いがなく、週に二回のデイケアでは、最近食事の味が濃くなったと塩分を減らしてもらうほど、自分が口にするものの味覚には敏感です。

彼女の場合、見かけはスリムですが、よく見れば適当に贅肉もついている。

高齢になったからこそ、いろいろな食材をバランスよく食べるようにしているといいます。

家も〝そこそこ〟片付いているほうが落ち着くし、身体もガリガリでなく程よく筋肉がついた適度な〝スリム〟を目指したいものです。

水を飲みましょう

熱中症を防ぐためにも水分補給は大切です。

朝起きてすぐ、夜寝る前には、コップ一杯の水を飲みましょう。

お腹が空いたときは必ず、水を飲むようにします。

とくに食前のコップ一杯の水は、食べ過ぎや飲み過ぎを防ぐために大切だといいます。


水は身体の新陳代謝《しんちんたいしゃ》を促すといいます。


水を飲む量は、個人の体重や年齢によって調節します。

私の場合は、大体1・5リットルくらいが目安。

運動をして汗が余分に出たときは、必要に応じて2リットルくらいになることも。

定期的に水を飲む習慣で、コーヒーや甘いものがあまり欲しくなくなり、健康的な生活習慣が取り戻せます。

白湯《さゆ》を飲む

私は、ドイツで手に入れたお気に入りの卓上ポットにいつもお湯を入れておきます。

こうすれば、手軽にいつでも白湯が飲めます。

季節を問わず、日本茶を煎《い》れるのに便利ですし、保温効果があるのでムダな光熱費も要りません。

ポットのお湯で煎れる朝の日本茶の味は格別。

煎茶は、コーヒーや紅茶ほど、身体から水分を奪わないので、気分が爽快《そうかい》になります。

ある研究によると、日本茶には、気分が爽快になるセロトニンを増やす働きがあるということです。

起き抜けの水、白湯で煎れた日本茶、そしてコーヒーか紅茶。

私の朝の飲み物の順番です。

美味しく食べるため

ものを食べるとき、いつも満腹状態では、どんな食べ物も美味しく感じません。

ムリして食べると、カロリーオーバーになり、体重が増え続け、健康を害することになります。

もったいないとムリに食べないこと。

自分は何をどのくらい食べたら、腹八分目になるのかを知っておきましょう。

夜食べたものは、消化不良になりやすく、内臓にも負担となります。

夕食は、一日で一番軽めにしましょう。

翌朝は、少々空腹で目覚めた方が、朝食が美味しいと感じるに違いありません。

子どものころのように、朝起きたとき、お腹の虫がグーと一回鳴るのが、私の健康のバロメーターです。

快適な睡眠

年を重ねると、寝つきが悪い、熟睡できないと悩む人が多くなります。

専門家によると、高齢になると運動量が減り、身体の代謝機能が衰えるので眠りが浅くなり、なかなか寝つけなくなるといいます。

年相応の現象なら気にすることはありませんが、なるべく快適な睡眠をとりたいものです。

睡眠時間は、8時間はとらなければいけないという説がありますが、睡眠時間は人それぞれ。

睡眠時間が短くても昼間に眠くなって仕事や暮らしに影響が出なければ、それはそれでいいのです。

私は、7時間の睡眠がとれれば、朝はスッキリ目が覚め、その日は元気に活動できます。

ただ、それより少なくても多くても、頭がぼんやりして身体がだるくなります。

私の場合、7時間をキープすることは健康生活に欠かせません。

ある研究でも、10時間以上睡眠をとるのは健康上よくないというデータもあるそうです。

脳は睡眠によって充電され、疲れも取れ、やる気と元気が出てくるらしいです。

快適な睡眠で、適度な充電をするのが脳にはベストなのかもしれません。

ある説によると、ナポレオンは4時間しか睡眠をとらなかったといいます。

ただ何度も短い昼寝をし、睡眠不足を補っていたそうです。

疲労は、睡眠の初めのころに出る成長ホルモンによって回復すると言われています。

だから、短い昼寝をした後、頭がスッキリして元気を取り戻せるのかもしれません。

たいていは、何処でも枕が変わってもベッドに入ったら〝バタンキュー〟の私ですが、悲しいかな生身の人間です。たまに、寝付けず、悶々《もんもん》とすることも。

翌朝に予定があってもなくても、ベッドから出て、水を飲んだり、好きなナンプレ（1から9の数字合わせ）をしたりして過ごします。

たとえ、睡眠時間が少なくなっても、翌日の夜は早くから眠くなり、早々にベッドに入ったら爆睡してしまいます。

たまには〝睡眠のデトックス〟と考え、寝つきが悪くなったり、熟睡できなかったりしても気にしない。

健康なら、人の身体は翌日か数日後には、ちゃんと睡眠時間が調整されるからです。

むしろ、どうしようと不安に襲われ、睡眠薬や寝酒に頼ることにならないように。人は、何日も睡眠をとらずには生きていけませんから。

昼寝は短く

ドイツのある大手電機メーカーでは、休憩の部屋を設けた結果、業績がアップしたそうです。

うす暗い静かな部屋で、決まった時間に昼寝をする。

最近ではアメリカのあるＩＴ企業では、瞑想《めいそう》したり、昼寝をしたりする部屋を設けて社員たちの健康促進に役立てているところもあるそうです。


ある調査でも、昼寝をする人は心筋梗塞《しんきんこうそく》になる確率が減るといいます。

昼寝は、できるだけ、決まった時間にするのがいいそうです。

ベストタイムは、午後2時ごろから4時ごろまで。

疲労の回復は、眠りの長さより、いつとるかによるのです。

ただし、昼寝の時間は20分以内が理想だそうです。


そういえば、学生時代、真夏に1時間以上昼寝をした後は身体がだるくなり、疲れが一度に押し寄せるような気がしました。

以来、仕事中心の生活で、昼寝への関心から遠ざかっていましたが、年を重ねた最近では少し見直すことにしました。

短い数分でも寝ると、疲れが取れることを発見したからです。

気持ちよく目覚める

＊ 急にベッドから起き上がらないで、ゆっくりと深呼吸しながら大きく身体を伸ばす。

これは、昼寝から目覚めたときも同じです。

＊ まず起き抜けに水を飲みましょう。

睡眠中に、約1リットルの水分を失っているのを知っていますか。

＊ ベッドに寝たまま、犬や猫のように、おもいきり手足を伸ばします。

寝ている間に縮んだ筋肉を伸ばし、酸素を身体に取り込むための朝の軽いストレッチです。

＊ 着る服は、ベッドのそばにそろえておくとムダな動きがなく、スムーズに活動で

きます。

＊朝の軽い散歩をする。

朝刊を取りに行ったり、ゴミ出しに行ったりするついでに、近所を少し歩き、軽い散歩をします。

朝の新鮮な空気は、血液の循環に効果的だそうです。

腕を大きく回しながら、ゆっくりと今日の仕事や家事の予定を考えながら歩くと、少しずつ頭が冴《さ》えてきます。

＊お茶を飲む

前述しましたが、キッチンに立つとすぐ、お茶（日本茶）を煎れて飲みます。

前日に、サラダやパンなどの下準備をして、食卓の準備が80％整っていると時間もかからず、気持ちよく一日が始まります。

階段の踊り場を作る

疲れたなと感じたら、無理せずに堂々と休みましょう。

会社を作ったばかりのころ、新聞のインタビューに答え、「一気に駆け上がらず、階段には踊り場があるように、ところどころに休む場所を作りながら経営していきたい」と私が話している古い記事を見つけました。

この考えは、何十年経った今でも変わりません。

仕事も家事も遊びも、頑張り過ぎて疲れたなと思うと、少し休む。

若いころと違い、年を取ると疲れやすくなるのはあたりまえ。

昔から、疲れると少し休むのがあたりまえなので、〝年だからダメだ〟とは思いません。

だから、この年になって、昔から頑張り過ぎない自分にずいぶん救われている気がします。

円熟した心の持ち方

私も含め、人は何歳になっても自分のことがよくわかっていないものです。日々の目の前の雑事に追われ、ややもすると自分の長所や短所を考える間もなく人生が刻まれていきます。

気がつけば年だけ重ねて、いったい何をこれまでやってきたのかとむなしくなり、挙句は、まあ仕方がないとあきらめの境地になる。

といっても、何もかも悟りきった老人にはなりたくない。

若い気持ちを残しながら、年相応に円熟した人生を送りたいもの。

貴重なこれからの後半人生を充実させるために、自分や他人への心の持ち方をあらためて問い直し、見つめ直してみる。

若いころは気がつかなかったけれど、年を重ねた今かだからこそわかることもあるのです。

自分の長所

どんな人でも得意なものはあるはずです。

苦手なものはすぐ、口から出たり、態度に出たりしますが、自分の長所や得意なものはわからずに過ごしているものです。

後半の人生、今さら苦手なものを克服することは苦痛を伴い意味がなさそうです。

これまで避けてきた苦手なものに挑戦するエネルギーを得意なことに向けるほうが、気持ちがラクになりませんか。

よく考えてみれば、意識していようといまいが、人は得意なことや長所を生かしながら、失敗や成功を繰り返してきたような気がします。

それが今の自分の経験や能力になって自分の現在を決定しているのです。

自分の〝自他ともに認める〟長所や得意なことを書き出してみましょう。

例えば、

・困った人を見ると助ける
・ものをムダにしない
・どんな収入でも暮らしを楽しむことができる
・人を気持ちよくさせるのが好き
・誰とでも話ができる
・争いごとが嫌い
・他人と競争しない
・自力本願である
・努力家
・忍耐力がある
・身体が丈夫で健康
・いつも幸せを見つける
・字がうまい
・声がいいと言われる

・走るのが速い
・テニスがうまい
・いつも明るいと言われる
・クヨクヨしない
・よく笑う
・いつも前向き
・立ち直りが早い

まだまだ書き出してみましょう。

その中で、とくに秀でていると思うことに特マル印をつけてみるのです。

自分を〝客観的に見つめる自分〟に気がつくはずです。

私の経験では、人に言われたことも書くうち、なるほど、自分は他人にはこう見られているのかということに初めて気がつきました。

自分の過去を見直し、そしてこれからの人生の心の持ち方、過ごし方のカギになるかもしれません。

幸せを感じるために

自分が「幸せ」か、あるいは「不幸」かは、自分自身の心の持ち方によるものです。お金がなくて何も買えず「不幸」と嘆く人も、私のようにお金がなくても知恵があれば「幸せ」と思っている人もいます。

幸せの青い鳥は、勝手にやってくるものではないし、何処にあるかは自分で見つけ出さなくてはいけないのです。

幸せは、一瞬のもので、けして継続的なものではないのです。

辛いこと、嫌なことが続いた後、楽しいこと、喜ばしいことがあると、心の底から「幸せ!」と感激します。

そしてまた、「不幸」と感じる苦しいこと、悲しいことが訪れます。

人生は、表裏一体《ひょうりいったい》、光と影、そして幸せと不幸を感じることの連続です。

年を重ねると、このようなことが経験からわかるようです。

たとえ、「不幸」と感じることがあっても、いつまでも嘆き悲しまず、〝明日は必ずいい日〟と信じて心を切り替えるのです。

今に集中する

〝一日の苦労は一日で足り〟ます。

今日という日は二度と訪れない。

地球上のすべてのものに与えられた避けられないものです。

年を取れば、なおさら、この言葉がかけがえのないものに感じられます。

ただ、高齢者にとって一日は、あっという間に過ぎてしまう。

子どものころの「もういくつ寝ればお正月」というような時間の経つのが遅く待ち焦がれる感覚が薄れ、高齢になれば時間の過ぎるのが早く感じられるのです。

あなたは今何歳ですか。

これから何回お正月を迎えるだろうか。花見や紅葉、花火を観る季節は？

90歳まで生きるとすると残りは何年何日。

年齢を意識することで、長く感じる人も短く感じる人も、あらためて今日を精一杯生きようという気持ちになれます。

年金だけでは生活できない、病気になったらどうしようなど、遠くのことばかり気にして、現在を忘れないようにしましょう。

また、過去を想い出したり、未来に思いをあれこれめぐらして、落ち込んだり不安になったりしないよう、今をどう楽しむかに心を切り替えるのです。

今できること、今楽しめることを考え、現在の暮らしに生かします。

年齢にかかわらず、前向きで人生に積極的な人は、免疫力が増し、病気になりにくくなるそうです。

いつも一期一会《いちごいちえ》

〝一寸先は闇〟、昔からよく言われている通り、先のことは誰にも予測できないものです。

災害は思わぬ時に襲ってくるし、病気や事故も突然降りかかってくることがあります。平均寿命は統計学的なもので、それ以上をめざし毎日の健康管理も大切ですが、命は永遠ではないことも心しておくべきことなのです。

突然の災害のために、防災グッズや水などの蓄《たくわ》え、避難経路などの確認も必要です。

このような不確かな世の中に生きていると、自暴自棄になる必要はありませんが、何事も今日が最後かもしれないという心の覚悟もある程度持っておくべきです。

俳人の松尾芭蕉《まつおばしょう》は、俳句を一句作るたびに、これが辞世の句と覚悟し、ふだんからすべての力を一作一作に注いだそうです。

芭蕉は、〝一期一会〟の気持ちで、俳句を作るために悩むその瞬間を大切に生きていたのでしょう。

一期一会は、仏教に由来する言葉ですが、茶道にも使われています。

人が生まれてから死ぬまでの「一期」に、出会う人や出来事は「一会」しかない。だから、誠意を尽くして、人や出来事に接するよう、いつも心の中に忍ばせておく。

最初にこの言葉に出会ったのは、大学を卒業して就職した全日空（ANA）でした。当時の社是《しゃぜ》に近いこの言葉は、入社式やその後の訓練でもサービス業としての心構えの基本と言われ、以来しっかりと若い純粋な心に刻まれてしまったのです。

年を重ねた今でも、人間関係や日々の出来事への心構えに、一期一会は、大切な言葉になっています。

だから、二度とない、今の出会いや出来事に感謝して暮らしたいものです。

物言わぬは腹ふくるるわざなり

徒然草の作者、吉田兼好の有名な言葉です。

古今東西、老いも若きも、自分の言いたいことを言わずにいると、スッキリせず、ストレスがたまり心にも身体にもよくありません。

外国映画などを見ていると、よくセラピストなる職の人が登場し、悩める人の聞き役になってくれます。

年を取ると、とくに体力や気力の衰えからうつ状態になる人が多い。

こんな時、自分の想いや悩みなど、心の内を気楽に話せる人が身近にいるかどうか。

想いの丈《たけ》を話せる友人でも家族でもいいのです。もちろん、セラピストでも。

ただ大切なのは、信頼ができて、あなたの話にじっと耳を傾け、話の途中で意見を述べたりしない人がベストです。

ただ単に、ランチを食べたり、お茶を飲んだりしながら、お互い世間話やパートナーの悪口に花を咲かせているうちに心が落ち着いてくることもあります。
得意な趣味に没頭し、スポーツで汗を流すと、軽い悩みならどこかに消えてしまうことも。

山が大好きな50代の知人（女性）は、山のてっぺんで「〇〇のバカヤロー」と大声を出すと、心のわだかまりがスーッと消えてなくなるそうです。

草花を育てるのが趣味の近所の60代の婦人は、庭の草むしりをしながら、雑草にグチや悩みを聞いてもらうそうです。
「この年になって、人様に話すのも気が引ける」ので、草なら何も言わず黙って聞いてくれるので、何でも気楽に話せるらしい。
肉体労働の汗をかきながら一通り雑草に心の内を話した後は、悩みもいつの間にかどこかに消えてなくなり、爽快感が残るといいます。

ストレスの解消には、人それぞれの方法で、なるべく早めに抱えている悩みや心のモヤモヤを発散させておくことです。

声を出して大笑い

昔から、笑う門《かど》には福来ると言います。

年を重ねると、上品な笑いではなく、心の底から大きな声で思い切り〝ガ・ハ・ハ〟と笑いましょう。

大声で笑うと、血流が良くなり、がん細胞などへの免疫力が高まり、脳の認知機能の低下も防ぐそうです。

要するに体調が良くなり、ボケ防止やがん予防にもなるというのです。

テレビやラジオ、人の講演などで愉快で面白い話を聞くと笑う。

私は笑うことは自分へのご褒美のような気がして、できるだけきっかけを作り思いきり笑うことにしています。

2019年の夏、ゴルフの女子全英オープンで優勝した20歳の渋野日向子《しぶのひなこ》プロの〝スマイリングシンデレラ〟に少しでも近づけるよう、笑顔を忘れずに過ごしたいものです。ただし、公衆の面前では、ガハハではなく、声は出さず上品な笑いを。

寝る前に、今日は、ガハハと何回笑ったかと数えるのを日課にするのも、記憶力の改善に役立つかもしれません。

あれこれ面白い話を想いだし、また大声で笑ってしまいそうです。

ユーモアのセンス

先日、ある若い人のお祝いの席で聴いた、高齢の男性の話は、その時の情景も同時に想いだされ、今でもニンマリしてしまいます。

81歳は、高速道路を逆走するが、18歳は暴走する。

81歳は、風呂で溺《おぼ》れるが、18歳は恋に溺れる。

81歳は、もう何もわからないが、18歳はまだ何もわかっていない。

会場は爆笑の渦に巻き込まれましたが、よく見ると80歳以上の方々の表情は複雑な苦笑い。

ただし、80歳になっても10代に負けないほど元気で溌剌《はつらつ》とした高齢者もいるので、将来他人に迷惑をかける老人にならないように頑張らなくてはと、私は教訓として受け止めました。

もう一つ面白い話があります。

数人のホームパーティの席で、その家のホスト以外、ゲストはそれぞれ皆が初対面。70代の男性が、「最近、運転免許を返上し、乗っていたBMW（ドイツ車）を手放し、新しいBMWに乗っています」と。

へぇー何だろう、新しい自転車でも買ったのかと、思っていると、男性曰《いわ》く、

「Bはバス、Mはメトロの地下鉄、Wはウォーキングです」

なるほど！　アハハハ。

その場は一気に、うまいこと言うねえ、と笑って打ち解け始めました。

駄洒落《だじゃれ》でもこんなユーモアのセンスを磨くと、脳トレにもなり、話の話題にも事欠きません。

話しベタで、人とのコミュニケーションが苦手そうな人でも、確かにうまいことを考えると、その場が和《なご》み、いつのまにか会話の中心人物にもなれます。

今日に感謝する

ある雑誌の対談で、禅師の枡野俊明《ますのしゅんみょう》先生から「沖さん、安閑無事《あんかんぶじ》が人生には大切です」と言われました。

安閑無事とは、安らかで平穏な日々のこと。

他人と比べず、何ものにもとらわれず、自由な気持ちで過ごす日々。

これこそ、最高の幸せなのです、と。

そのころ、母が永遠に旅立つのを見送った後で、ものは、いずれはなくなり、手放すことになり、あの世に持っていくことはできないと実感したばかりでした。

あの世に持っていけるのは、良い人生だったたという安らかな心だけなのです。

果たして、母はどんな思いを持って旅立ったのでしょうか。


自分の人生を振り返り、良かったなと思いたい。

そのためには、一日一度でもいいのです、今のこの瞬間に感謝する心を持つことかもしれません。


朝起きて、両手を広げ、新鮮な空気を身体いっぱいに吸いながら、今日も元気で新しい朝を迎えられました、と感謝をする。

これだけでも幸せな気分になります。

日々の何でもない暮らしを大切にし、小さな幸せに感謝する。

このようなしなやかな心を積み重ねていくことが、禅師の言われる「安らかな良き人生」だと思います。

自然に心を寄せる

疲れたな、と思うと自宅近くの明治神宮を散歩します。

庭と言っても猫の額ほどの広さのわが家と違い、うっそうとした広い森の中には樹齢一〇〇年の木々が茂り、自然のさわやかな風が頬をやさしく撫《な》でてくれます。

あるとき、大きな樹を両腕に抱き、じっとしている高齢の女性を見かけました。思わず、そばにある自然保護の立ち入り禁止の看板を教えてあげようかと思いましたが、やめました。

その女性は、自然からのエネルギーを全身に取り入れているような雰囲気でした。たぶん、疲れた身体や心を、自然の大樹に無心で身を任せることで癒《いや》されていたのかもしれません。

都会の一角にも自然を感じ、無心に戯《たわむ》れることのできる幸せな場所があるのです。

新しい発見をしたようで清々《すがすが》しい気分になりました。


自然に触れる。

たったそれだけで、人は幸せを実感できるのです。

草木は青々と、花はそれぞれの美しさを見せてくれる。

自然は、ありのままの姿で私たちに語りかけてくれます。

仏教では、そこに不変不動《ふへんふどう》の真理があると説いています。


わが家のバルコニーには、20年以上経ったゼラニウムの赤い花が、一年中元気に咲き誇っています。

ドイツの街角でよく見かけた真っ赤なゼラニウムの鉢植え。

ぜひわが家にも咲かせてみたい。きっかけはそんな単純な想いでした。

さすが北国のドイツの花、雨にも風にも雪にも夏の暑さにも負けず、いつも燃えるような真っ赤な花をつけ、見るたびに心が和みます。

水やりのついでに、手で枯れた葉や花を取り除き、それを土に戻す。それだけの動作でも、なんとなく癒された幸せな気分になります。

他人と比べない

発展途上の若いころならいざ知らず、ある程度の年を重ねると、自分より偉くなろうが、お金持ちだろうが、幸せに見えようが、気にしなくなります。

むしろ、今更、この年になって、気にしても仕方がないと思うのです。

年を重ねると、人と比べ、うらやましさで自分の気持ちがみじめになって揺らぐことがないような、穏やかな暮らしをしたいものです。

お金であれ、才能や名声であれ、美貌《びぼう》であれ、自分を他人と比べ一喜一憂するのは、嫉妬心《しっとしん》の感情からくるものです。

他人をうらやましく思う感情は、年を重ねれば小さくなると思いがちですが、個人差があるようです。

高齢になってからでも、嫉妬心むき出しの感情を表わす人もたまにいます。

人と比べること自体悪いことではなく、それを目標に前向きになれればいいのですが、自分はダメだと落ち込むことになっては、人生は暗くて淋しいものになります。

高齢になって急に人と比べないと言い切るのはむずかしいものがあります。

でも、ゆるやかに自分の嫉妬心を抑制する技を身につけていくことはできそうです。


亡き父の口癖は、「人は人、自分は自分、他人と比べない、競争しない。うらやましいと思うなら、自力本願で努力しなさい」

娘の私から見ても、平凡な人生の中でも、頼られることはあっても人に頼らず、マイペースでわが道を行く信念の人でした。

父の言葉の数々を今想いだすと、いつも穏やかで平静を保つ生き方ができたのは、「欲を出したらきりがない」と他人との比較がいかに無意味かを仏のように悟っていたのかもしれません。

相手がうらやましいと思ったら、必ず、その裏には人に言えない苦しみ努力、代償があったはずと自分に言い聞かせる。

大変だっただろうなと心の中で言ってみてはいかがでしょうか。

このような、成功者の見えない裏の部分を思いやる気持ちも大切です。

自分にはできない、でも今の自分でまあまあ及第点、自分なりに一生懸命やってきたからと心の中でつぶやくのです。

そして、相手のことを「素晴らしい!」と褒《ほ》めましょう。

大げさな言葉でなく、心から、さりげなく。

他人の成功を心から応援する気持ちになれば、あなたは嫉妬から解放されるはずです。

文豪ゲーテの言葉通り、〝人の成功をねたまず、受け入れるためには、相手に対する深い愛が要る〟のかもしれません。

さらに、おもいきり暮らしをシンプルにすることです。

ドイツから帰国した時、まず食器を三分の一くらいに減らしました。

食器は、すべて家族用と来客用も同じにしてしまったのです。

手入れもラクになり、場所も広くなり、高価な食器で食事をしていると心までリッチになった気分で、これこそ豊かなシンプルライフの実践です。

たまに、よそのお宅にうかがって高級食器でお茶をいただいても、日常的で、珍しくもなく、いい食器ですねと褒めるものの、うらやむ気持ちは生まれないことに気がつきました。

ものを単純にすると、心までスッキリ、シンプルになります。

ケ・セラ・セラ

世の中にはどうあがいても、努力を重ねても、自分の力では解決のできないことがあります。

自分や家族が病気になったり、災害に見舞われたり、思いもかけない悩みが予期せず訪れます。

こんな時、周囲の人に話したところで、聞いた人はただ慰めたり寄り添ったりするだけでどうすることもできないことが多いのです。

年を重ねたら、自分の中に悩みを飲み込んで消化し、まわりとはこれまでとは変わらず淡々と接していきたいもの。

ただ、あまり自分の中にためこんでしまうと高齢期のうつになりかねません。

普段から、どんなことが起こってもある程度の〝あきらめ〟の心の準備をしておくことです。

悩んだところで、仕方がない。

こうなったら、自然の大きな流れに身を任せてみるのです。

冬来たりなば春遠からじ。

自然は巡り巡って、必ず新しい季節を運んできます。

生きる勇気を奮い立たせながら、風の吹く方向に流されてみるのです。

きっと、ケ・セラ・セラ、なるようになります。

腹五分目

お腹いっぱいに食べるのは健康に良くない、だから、腹八分目がいいと言われます。

若いころの腹八分目は50代以上になると、もっと少なく腹五目くらいがちょうどいいのかもしれません。


年を重ねるにつれ、食べる量も減り、動きも以前に比べ鈍くなります。

若いころはワインなら一本くらい平気で空《あ》けたのに、今は、グラス一杯ですっかりいい気分になって寝てしまう。

三度の食事も量より質を選び、ご飯もこれまでの半分の量がちょうど胃にもたれず、栄養のある美味しいものを少なく食べるようになった。

そんな70代の友人が何人もいます。


年を重ねながら、自分の体力と相談しながら、程よい満腹感を知り、少しずつ自分のものへの欲望を減らしていく。


食べるもの同様、持つものも減らすのです。

あれも、これも欲しい。人の欲望は限りがありません。

ちょうど腹五分目くらいで、それ以上は持たない欲しがらないと自分に言い聞かせましょう。

腹五分目でいいと決めれば、ものへの欲望も減り、心が深く軽やかになるかもしれません。

後半の人生も腹五分目、お腹いっぱいの欲望を求めたら、心身ともに疲れ、一〇〇歳まで生きられないかもしれません。

イライラから自由になろう

もともと真面目に自分に厳しく生きてきた人ほど、年を重ねてもその生き方を変えようとしないことが多いもの。

〇〇でなければいけないと、他人の言動が気になって意見をし、何かにつけ、「だからダメなんだ」と批判的になる。

年を取って、体力も気力も衰えると、これまでと同じようなルールで他人や自分を縛り付けると、その言い分をかなえられない時、イライラや怒りが倍増し、周囲からはガミガミうるさい老人だと嫌われ、孤独な老後になります。

怒りやイライラがたまるとストレスも増え、健康的とはいえず、病気にかかりやすくなるそうです。

残り少ない老後の人生は、もっと気楽に心安らかに生きてみようと思いませんか。

人に好かれなくてもいいから、せめて嫌われない老人になりましょう。

日ごろから他人に関心があり、批判的な人は、こんな発想をしてみるのです。

他人の人生は自分では変えられない。

だから、他人への批判や人生に関心を持つのはもうやめる。

他人がホコリだらけの生活をしていても、批判や意見を述べたところで、本人がその気にならなければその生活は変わらない。

ましてや、どうしたらいいのかを考えるのは、老いた身には大変な心の負担になる。

家が汚い！　片付けなさい！

このように他人を批判すれば、それは他人にとっては、なんと嫌なことを言うと、〝毒〟を盛られた気になる。

自分に向ければ、そんなに汚いのなら少しきれいにしようと反省の〝薬〟になるかもしれません。

子どもが、大人に○○しなさい！　と批判的に言われて素直に従うことがあるでしょうか。

年を重ねれば、自分の力で変えられることだけを考えて暮らす。

人生がラクになり、余計な怒りやイライラ感のストレスから解放されます。

人との関係

年を重ね、体力や気力の衰えとともに、人間関係にも変化が訪れます。

昔から親しくしていた友人や知人たちにも環境や心境の変化があり、これまで同様の付き合い方ではなくなります。

これまではできるだけたくさんの人と付き合い、広く浅く学ぶことも多かったのですが、年齢を重ねるとともに、人間関係も量より質が大切になってきます。

多くのものを持つと管理するのが大変なように、多くの人間関係は時間やお金がかかり、気力や体力も必要です。

心から気に入ったものを少なく、ていねいに使いこなす。

これが豊かな単純生活だとすると、人間関係も同じ。

ほんとうに心から信頼できる友人、知人を選び、深くていねいに付き合う。

整理整頓された老後の人間関係は、まさに単純な暮らしの延長線上にあるのです。

年賀状で交友を温める

知人の70代の女性が、来年から年賀状を出すのをやめるという。

人生も終わりに近づいて、毎年の年賀状のやり取りは時間と労力のムダだからやめることにしたというのです。

独り暮らしの彼女は、お正月には年賀状に煩わされずにのんびり過ごしたいらしい。

年賀状に対する想いは人それぞれかもしれません。

おせちを食べて、ゆったりした気分でくつろぎながら、年賀状を見るのは正月の楽しみの一つだという人もいます。

毎年家族の写真つきをもらうと、まあこんなに子どもさんが大きくなってと驚き、孫を抱いた人を見ると、いつの間にそんな年になったのかしらと感慨深いものがあります。

白髪や薄毛頭の友人夫婦の海外旅行でのツーショットなどは、いつまでも仲がいい秘訣は何だろうかと考えたりもします。

普段ご無沙汰している故郷の友人や従妹たちの近況もわかり、懐かしくなって近いうちに電話で声を聴いてみようかと想います。

外国でも、クリスマスカードで季節のあいさつをする習慣を大切にしています。ドイツの友人たちからもいまだに何通ものクリスマスカードが届きます。

普段、何かにつけメールで交信している人からでも、クリスマスや新年にカードや年賀状が届くと心が温かくなります。

年賀状やクリスマスカードは、一年に一度、ご無沙汰無礼をしている人々へあらためて、元気ですよと襟《えり》を正してご機嫌伺いをし、交友を温め直すためのものかもしれません。

最近は、季節のあいさつはメールですます若い人も増え、年賀状を出す人が年齢を問わず減りつつあるといいます。

年賀状など形式的なものだから、なるべくやめたいと思う人もいるでしょう。

年を重ねると、年賀はがきを書く作業が体力的にきつくなり、知人のように70歳を契機にすっぱりとやめる人もいます。

年賀状は、自分の人生を振り返り、支えてくれるまわりの人々にあらためて思いを馳《は》せるいい機会にもなるのです。

いずれ、書けなくなる時が来るまで、少しずつ枚数を減らしながら交友関係をシフトダウンしていくのが自然かもしれません。

旅のおみやげは、絵葉書

先日、ドイツの友人からタイ旅行の絵葉書が届きました。夫婦で、避寒のドイツから訪れた南の島で、わざわざ私を想い出してペンを走らせてくれたことにうれしくなりました。

国内外を問わず、元気な高齢者の夫婦連れの旅行者が多くなり、もちろんお一人様専用の旅のプランも盛りだくさんあります。

数年前の年末、空港の専用ラウンジでお茶を飲んでいると、70代の女性が、どちらまでと話しかけてきました。真夏の豪州《ごうしゅう》（オーストラリア）と答えると、その女性はこれから極寒のロシアへ行くのだという。

ロシアの街のしびれるような寒さと静かな街並みが気に入り、これで三度目だというのです。一人旅なのでホテルと飛行機がセットになった安心できるツアー旅行ですが、現地ではなるべく単独行動をするらしいのです。孤独を愛する老婦人かなと想像していると、昼は歴史探訪や街歩き、夜はホテルで友人たちに絵葉書を書くのが楽しみだというのです。

旅の想い出は、自分の心に大切にしまい、他人へのおみやげは絵葉書と決めているようです。

だから、帰りも荷物が増えなくてラクだといいます。

インターネットでは、相手の心に届かない、感動の気持ちを添えた絵葉書なら風景と一緒に手元に残るかもしれない、と彼女。

では、気を付けてと、お互い声をかけて別れたのですが、ふと、旅行と言えば必ずバッグ一杯におみやげを買いこんで友人知人に配る60代の知り合いの顔を思い出したのです。

旅の目的は、○○へ行ってきましたという〝証拠〟のおみやげを買うことではなく、感動で心に残る想い出を作ることなのです。

お金の貸し借りはしない

昔から、人にお金を貸さないし、借りないと決めています。

金銭の貸し借りが原因で、仲の良かった友人と仲たがいをしたり裁判沙汰になったりするということをよく耳にします。

これまでの人生で、数回お金を貸してほしいと頼まれたことがありましたが、すべて断ってきました。

ただし、お金を貸すなら、返してもらおうと思わず、あげるつもりなので、「これだけで申し訳ないけれど」とお茶を飲む程度のお金を渡したことはあります。

50代のころ、事業に失敗した大学の同級生から、大金を貸してほしいと頼まれたことがあります。

お金を貸すほど力はないのでと、お寿司屋へ連れて行き、お腹いっぱい食べて元気を出して、と励《はげ》ましたのです。

風の便りに聞くと、その同級生は、数人の友人や知り合いから借金を重ね、自己破産をしてしまい、お金を貸した友人たちとは仲たがいをし、行方がわからなくなってしまったそうです。

友人や知人と会食をした場合、わずかなお金を小銭がないからと、立て替えることがありますが、そんな時、今日はごちそうしますと、さっさと払ってしまうほうが後くされなくスッキリ爽快です。

めったに会わない人なら、この間ごちそうになったからと、品物を送って下さることもあります。

年を重ねて、簡単に心穏やかに暮らしたいときに、お金の貸し借りのトラブルは避けたいものです。

お金を理由に近づいてくる人とのお付き合いとは、どんなに好感度が高くても、しっかりと距離を置く。

簡単に生きるための老後生活の知恵は、誰に対しても〝**無い袖は振れない**〟**と割り切**

ることです。

若い人と付き合う

高校の同級生たちが、年に数回居酒屋で集まり、お酒を飲みながら青春時代の想い出に花を咲かせています。

同年代の友人知人は、同じような青春時代を過ごし、企業戦士として社会で活躍してきたので、くどくどした説明は抜きで話が通じやすい。

いつも同世代のメンバーと病気、孫、趣味の話（なぜか妻や夫の話題は少ない）、など気ままで心地よい気分に酔いしれるのはたまにはいいかもしれません。

けれど、時には、年下の屈託のない若者と触れ合うこともいい。

今どきの若者が、孫や子どもではない他人の若者が、関心や興味を持っているものを知ることは、老体には大いに感化され勉強になることがあります。

さらに自分よりかなり年下の若者と話すと、へぇーそうなんだ、と新しい発見や刺激で老脳が鍛えられ、若さを保つ妙薬になりそうです。

しかし、今どき老人を相手にしてくれる若者がいるのか、と思うのは早計。

割り切って、飲み会や食事の財布役に徹すれば、御馳走様！　とお腹の空いた若者なら気安く応じてくれます。

ただし、毎回では老人の財布の中身が続きません。

若者と付き合うのにもこれまで培ってきた知識や知恵を使うのです。

知り合いの70代の婦人の趣味の一つは、週一回の整体へ出かけること。

施術をしてくれるのは、みんな自分より若いおじさん、お兄さんばかり。

そこで、お金を払ってただ黙ってやってもらうより、いろいろと会話を楽しみたい知人は、毎回違うテーマで話しかけます。

趣味のゴルフだったり、旅行だったり、食べ物だったり。

料理が趣味の彼女は、身体の弱い独り暮らしのお兄さんには、夜、こんな飲み物を飲むといいらしいと、作り方まで伝授し、効きました！　と感謝されることもある。

年の功で、人生相談までに発展することがあるそうです。

話せば元気が出る物知りオバサンとすっかり人気者になった彼女、毎回若い男性との会話を楽しんでいます。

施術をする若者たちも退屈な老人相手の毎日より、物知りの元気なオバサンの話が気分転換になるのでしょう。

知人のほうも、会うたびに、整体が必要でないほど、色つやもよく、ますます元気で、最近は20歳以上も若く見られる、とうれしそうです。

異性のメル友

60代の友人のご主人は、定年後、男女合わせて20人ほどの学生時代のサークル仲間たちに呼びかけてメール交信を始めました。

ご主人の許可を得て、学者の彼女は、老人研究の参考にと読むことがあるそうです。メール交信には、決まったルールはなく、年齢差も2～3年くらいでほぼ同世代。高齢者の域に達しようとする男女が、青春時代の共通の想い出を抱きながら、好きなことを愚痴《ぐち》ったり、慰めたり、現状報告したりするらしいのです。

女性は、孫や旅行、映画の話題、出かけた場所の写メまで添付する、井戸端会議のような話題が多いそうです。

男性は、独りよがりのボヤキあり、博学知識の披露あり、昔懐かしいビートルズや好きな音楽のことなどを気ままに書いてくるそうです。

友人の分析によると、どちらかというと、男性は知的でおとなしく引きこもりがちで、女性のほうが元気で、外に向かって活動していることがわかるらしい。

定年退職後の男性の孤独をある女性作家が描いた『終わった人』という小説があります。この小説が原作の映画を観て、メル友仲間の女性の一人が〝今の皆さんのことですよね〟と発信したところ、男性全員からは何の反応もなかったそうです。

事実なんだけどね、と友人からその話を聞いた時、私は〝確かに〟とうなずきながら、でも男性の皆さんの内面を想像すると、少し複雑な心境になったのです。

いつかは何事も終わりが来ることはわかっている、でも〝終わり人〟になりたくない、まして呼ばれたくない、仕事中心で生きてきたプライドの高い男性ならなおさらかもしれない。

男性は純粋で切り替えができず、現実を突きつけられると傷つきやすいかもしれません。一方、自由に気ままに生きてきた老女のほうが、したたかで現実的、変わり身が早く生活力があるのかもしれません。

来年は、みんなで二泊三日旅行までするらしい、と彼女。

もちろん、夫や妻の健在な人、独り暮らしの人、それぞれがお一人様で参加するが、10人くらいのちょっとした団体旅行に膨らんだそうです。

「老人男女混合の旅行？」私は心配して尋ねました。

〝岩のようにテレビの前に張り付いている〟夫がうれしそうに出かけると、友人は自分の時間が持てるので助かるらしい。

妙な心配をするほど若くはないし、何歳になっても、〝亭主達者で留守〟がいい、と友人。

確かに半世紀近くも連れ添うと、嫉妬や妙な心配とは無縁、何が起こっても怖くはなさそう。

友人の場合、夫の旅行中は、食事の心配も時間も気にせず、研究活動に没頭でき、堂々と行きたいところへおしゃれをして出かけるそうです。

空気を読みながら話す

年を重ねると、これまで遠慮や気兼ねがなかった相手にもある程度の気配りや配慮をした付き合いをしたい。

若いころなら、いさかいや行き違いがあってもそれを修復する時間も余裕もあるものの、残された人生の時間が短くなると、それを解決するのには肉体的にも時間的にも苦痛が伴うものです。

親しき中にも礼儀あり。

若いころは、何でもストレートにものを言ってきた相手にも少し気持ちに距離を置いて付き合うようにしたいものです。

老後の人間関係は、持ちつ持たれつ、つかず離れず、相手を思いやる程よい気持ちの距離感がうまく行くコツです。

自分の言いたいことは、十あるとすると、選びながら、一つか二つくらいにし、相手の話に耳を傾ける。

そして、相手が話しやすいように、「それで、どうなったの」、「そのとおりよ」、と合いの手を入れる。

聞き上手な友人がいます。

彼の合いの手は、「いいね」で始まり、「いいねえ」で終わることが多い。

ネット社会で聴いたような言葉ですが、開口一番、「それいいね」と言われると誰でも悪い気はしないでしょう。

相手が話に疲れていたり、分別のある人なら、「しゃべりすぎたかな」と気がついて、今度はあなたの話に耳を傾けようとするかもしれません。

女性に多いのは、相手が話したがらないことを読めず、悪気はないのですが、詳しく聞こうとすること。

若かったころ、学生時代のクラスメートに何気なく「ご主人はどこにお勤め？」と聞いて、「どこでもいいでしょ」と言われ、わけがわからずそれ以上の言葉が見つからず引いてしまったことがあります。

あとで聞けば、ちょうどご主人が失業中で、彼女の不安な心に入り込んでしまったらしいのです。

自分の無神経さと未熟さを大いに反省し、以来、親しい人でさえ、ご主人のこと、子どものこと、姉妹（兄弟）や仕事のことなど、本人が話そうとしないことを察し、避けながら、差しさわりのない話題を提供することにしています。

男性に多いのは、初対面なのに、自分のことを淡々としゃべっているのですが、自慢話にしか受け取れないことがあることです。

「息子とよくゴルフをするのだが、ボールがプロ並みの距離で飛ぶものだから、こちらも油断できなくてね」とか「現役時代は、誰も達成できなかった営業成績を上げ、子会社の専務までやりました」などと胸を張って言われると、つい、なぜ息子はプロにならなかったの、子会社の専務がどうしたと、ただの年取ったおじさんの顔を見ながら、突っ込みたくなるほど、本人にはその気がないことはわかっても、自慢に聞こえることがあります。

一生懸命頑張っても一〇〇ヤードも飛ばない人もいるだろうし、自慢できる優秀な子どものいない人も、老後独身の人もいるかもしれません。

出向先で、肩たたきにあい定年を迎えた無念な人もいるでしょう。

自慢話にならないコツは、自分の話は最小限に、自我を控えめに、相手を持ち上げほめたたえるような話題を見つけることです。

良い人間関係を保つためには、相手が話そうとしないことにはふれないこと。話したくない裏には、必ず何か事情があるはず。

その場の空気を読んで、必要のない話をわざわざ持ちださないように気を配るのは、亀の甲でなく年の功の忖度《そんたく》なのです。

孤独を愛し、自立する

家族と言えども、子どもや親の人生を代わってあげることはできません。

人は、一人で生まれ、一人で死んでいく、つまり、自分の背中に人生という重い荷物を背負って生きていくのです。

だから、人間は本来孤独なものなのです。

家族も友人も親戚も少なく孤独で寂しい、と嘆く高齢者がいます。

孤独だから寂しいのではなく、自分のことをわかってくれる人や話し相手がいないと思うから寂しさを感じるのです。

多くの友人や家族に囲まれても、人に頼りすぎると寂しさを感じることがあります。自分の気持ちを理解し、自分で解決し自立の精神を持つことこそ、寂しさから脱することができるのです。


知り合いの95歳の女性が、年を取ると、だんだん友だちが旅立ってしまい、これまで親しくしていた話し相手もいなくなってしまう。

だから、人を当てにしないよう、自分一人でもしっかり考え生きることが大事。長生きすることは、寂しさより、孤独との闘いだから、と。

私は、話を聞きながら、なるほど、孤独を愛さなくては長生きを楽しめない、と改めて思ったのです。


誰かと連れだって出かけなければ寂しい、つまらないということから自立し、独りでも行動する喜びや楽しみを見つけ出すことです。

考えれば、買い物でも、絵画や音楽、映画鑑賞でも、すべて一人でできることばかりです。

わざわざ人を誘って、時間や服装を気にして出かける必要のないものです。

人生一〇〇年と言われても、その時まで、今の友人たちと連れ立って楽しめる保証もありません。

だから、今からでも遅くないから、一人で行動する予行演習を始めることです。

日帰りのバスツアーに一人で参加するのもおすすめです。

おしゃべりに興《きょう》ずる相手がいない分、静かに窓辺の景色を眺めあれこれ想いを深めることができるかもしれません。

あるいは、新しい出会いが待っているかもしれないのです。

孤独を愛する精神的に自立した魅力的な老人になりたいもの。

何歳になっても、95歳の婦人のように、自立した人なら、年少の私が一緒に時間を過ごしても、また会いたい、話したいと思えるのです。

招かれ上手になる

人間関係は、ギブ&テイクで成り立っています。やってもらうことばかり考えず、相手に自分が何をしてあげられるかを考えることです。

ドイツに住んでいたころ、自宅に招待されたら、必ず数週間以内に今度は自分の家に招待するのが常識だと教わりました。

要するに、ものでなく〝招待〟のお返しをするのです。

また、ゲストへのおもてなしの心も大切ですが、忘れがちなのは、招かれる側の心得です。

①招かれたら、必ず早めに返事をする
②午後6時ごろと言われたら、簡単な夕食が出るので、腹ごしらえの必要がないと考える

③午後8時過ぎと言われたら、簡単なチーズかハムのおつまみとワインなので、前もって何かを口にしてから出かける

④手土産には、花かチョコレート

・切り花の生花は、花瓶の用意がない場合、相手に手間がかかります
・ドイツの場合、お花持参が多いので、ホスト側では花瓶を用意している
・最近は、かわいいかごの中や陶器の器にアレンジした花が便利です
・避けたい花は、ユリや菊。日本同様お墓や仏花を連想させる
・鉢植えは、あとの水やりなどの世話が面倒です
・真っ赤なバラは恋人へのプレゼント向き

⑤訪問時間は、約束の時間より一分前後がベスト

⑥長居をしないこと

・一時間以内で帰るのも相手が、何か失礼があったかしらと心配します
・二時間くらいで、名残惜しいですが、そろそろ失礼します、と楽しい時間のお礼の言葉を添えてお暇《いとま》します

⑦翌日の午前中には必ずお礼の電話かメールを

・目上の人には、二～三日以内に届くように自筆のはがきを出す

ドイツでの招かれた時の心得を書きましたが、簡単でわかりやすいので日本でも十分通用します。

要するに、相手の気持ちに心から感謝し、招く側も招かれる側も親交をさらに温めたい気持ちが伝わればいいのです。

パートナーとの関係

最近は、結婚の考え方や夫婦のあり方も少しずつ変化してきました。

離婚が増え、事実婚や同性婚、単なる同居人と暮らす人もいます。

伝統的な夫と妻の役割が、〝おじいさんは芝刈りに、おばあさんは洗濯〟の時代ではなくなり、その逆バージョンもあり、主夫も登場しています。

長年連れ添った夫婦の熟年離婚の増加も話題になっています。

子育てや仕事に熱中していた若い時と違い、定年という現実に直面したとき、夫と妻のこれからの人生の考え方が大きく違うことにそれぞれが初めて気がつくのです。

〝同床異夢《どうしょういむ》〟という言葉がありますが、同じ人生を共に歩んでいるように見えながら、実は、気持ちは違う道を夢見ていたということもあります。

これまでお互い忙しくて、じっくりと自分を見つめる機会がなかったものの、50代になって時間に余裕ができたとたん、これから自分のやりたいことを後半の人生に求めたいと思うようになるのです。

定年を機会に、ある日突然、妻から離婚を切りだされたり、夫が田舎暮らしや蕎麦屋をやりたいと言いだしたり、夫と妻のそれぞれの人生への思いの差が現実化し、〝わかってくれていたはず神話〟が大きく崩れるのです。

長年連れ添ったからこそわかりあえることもあります。

相手がこれ以上変わらないと思えばキッパリ別れ、残り少ない貴重な自分の人生をやり直すのもいいでしょう。

話せばわかる相手なら、お互いにこれまでの関係を見つめ直し、残り少ない人生をともに歩いていくのもいいと思います。

関係を深めるために

かなりの努力が要りますが、自分自身を変えることはできるかもしれませんが、相手を変えることはできません。

相手をよく知ろうと話し合うことで、自分自身のこともよくわかるようになります。相手に、幸せや人生の喜びを求めるのではなく、自分で手に入れるべきものだという基本的な姿勢が前提の会話は、スムーズに運ぶでしょう。

例えば、「あなたと一緒に元気にテニスをしたいので、足腰を鍛えているの」というふうに。具体的な場面で、お互いの理解度が増し、テニス好きな相手からの信頼度が増すことでしょう。

男と女。話しても上手くかみ合わないこともあります。

私はいつも、こんな面白い言葉を想いだし、自分をなだめることがあります。

心理学者グレイ博士によると、男女の発想は、根本的に違うらしいのです。

つまり、金星に住んでいた女性は世間体や人間関係を大事にし、火星から来た男性は、何かを成し遂げたことに誇りを感じるというのです。

だから、お互い努力しないと夫婦の会話がかみ合わないのはあたりまえなのです。

老齢に向かい、お互いを少しでも深く理解するために、大切なのは〝共通体験〟を増やすこと。

旅行でも、スポーツでも、音楽鑑賞、一緒に食べ歩きをする、なんでもいい。

パートナーと一緒に楽しめ、どうだった、ああだったと語り合える趣味を持つと、お互いの違う部分が理解でき、無いものを補うかけがえのない存在だと認め合えるかもしれません。

その逆もあり得ますが……。

老後の設計

年を取ることは、決して悲観的ではありません。

行動半径は狭くなり、知的能力も肉体も次第に衰えていきます。

対人関係も小さくなり、最後は独りぼっちになる可能性もあります。

でも、備えあれば、憂いがなく、早めに老後の人生を考えておくことが必要です。

深刻に考えれば、暗くなりますので、単純な生活を想い浮かべてみるのです。

私は、初めて上京した若いころを想い出します。

自分の全財産は、白い小さなトランク一個！

何もない簡素な生活に不自由を感じたことはなく、むしろ単純な暮らしを楽しんでいたようです。

今もそのころの暮らしにあこがれることがあります。

老後の生活は、ぜひそれに近づきたい。

ものよりも知恵を駆使して、いろいろなことに積極的に取り組んでいき、最後はムダな延命治療は受けないと公言しています。

若いころのように、ものは少なくても豊かで単純な暮らしを少しでも再現できれば最高です。

エピローグ

低きに暮らし、高きを想う。

西洋のある詩人の言葉ですが、日本の仏教の教えにも通じる言葉です。

欲を求めず、必要なものでつつましく暮らし、心は豊かに崇高に生きる。

私たちは今こそ、物質万能の生活にそろそろ終止符を打つべき時が来たようです。

社会には情報や便利な道具や機械があふれ、家の中には必要以上のものがあふれ散乱しています。

便利だと喜んで重用してきたにもかかわらず、ふと気がつくと、暮らし方までが複雑で煩雑になり心の豊かさが見失われてしまいました。

人間本来の豊かさをもう一度考え、取り戻すにはどうしたらいいのでしょうか。

年齢にかかわらず、これからの充実した人生を生きていくには少しでも背中に背負っている荷を軽くし、もっと単純で心が喜び豊かに思える生活を目指すのです。

本文にも述べていますが、老後貧乏にならないためには、「家計に強く」、「整理整頓の習慣」を持ち「健康に関心を持つ」。

まさしく、古来から勤勉な日本人がこれまで伝統的に大切にしてきた、淋しい倹約ではなく、心豊かにつつましく生きる単純な暮らしそのものです。


この本を書くきっかけになったのは、〝老後貧乏〟という言葉に踊らされて、老後の不安におののく前に、もう一度自分の足元の暮らしを〝単純〟に見つめ直してみることが、すべての解決策につながる道だと思ったからです。

現代文明の便利さを取り入れつつ、日本古来の伝統的で簡素な習慣や自然との共存にもう一度目を向けてみるのです。

〝暮らしを単純〟にすれば、今まで悩み抱えてきた余分な人生の贅肉もとれ、〝暮らし方改革〟にもつながり、こんな簡単なことならわかっていたのに、と自分のこれまで蓄えてきた知恵や知識までがよみがえるかもしれません。

本文では、私のこれまでの人生の反省や仕事の経験からの拙《つたな》い知恵や知識を並べています。

できるもの、やりたくなるものを中心に、それらを参考にしていただき、心が豊かになる単純生活に役立てていただければ最高の幸せです。
まわりのすべての人々に、心から感謝を。

森の家にて

沖　幸子

本書は、２０１９年11月、小社から単行本で刊行された『50過ぎたら、暮らしは単純、気持ちは豊かに』を文庫化したものです。

50過ぎたら、暮らしは単純、気持ちは豊かに

一〇〇字書評

切り取り線

購買動機（新聞、雑誌名を記入するか、あるいは○をつけてください）

□（　　　　）の広告を見て	
□（　　　　）の書評を見て	
□ 知人のすすめで	□ タイトルに惹かれて
□ カバーがよかったから	□ 内容が面白そうだから
□ 好きな作家だから	□ 好きな分野の本だから

●最近、最も感銘を受けた作品名をお書きください

●あなたのお好きな作家名をお書きください

●その他、ご要望がありましたらお書きください

住所	〒				
氏名		職業		年齢	
新刊情報等のパソコンメール配信を 希望する・しない	Eメール	※携帯には配信できません			

あなたにお願い

この本の感想を、編集部までお寄せいただけたらありがたく存じます。今後の企画の参考にさせていただきます。Eメールでも結構です。

いただいた「一〇〇字書評」は、新聞・雑誌等に紹介させていただくことがあります。その場合はお礼として特製図書カードを差し上げます。

前ページの原稿用紙に書評をお書きの上、切り取り、左記までお送り下さい。宛先の住所は不要です。

なお、ご記入いただいたお名前、ご住所等は、書評紹介の事前了解、謝礼のお届けのためだけに利用し、そのほかの目的のために利用することはありません。

〒一〇一-八七〇一
祥伝社黄金文庫編集長　萩原貞臣
☎〇三（三二六五）二〇八四
ohgon@shodensha.co.jp

祥伝社ホームページの「ブックレビュー」からも、書けるようになりました。
www.shodensha.co.jp

祥伝社黄金文庫

50過《す》ぎたら、暮《く》らしは単純《たんじゅん》、気持《きも》ちは豊《ゆた》かに

令和5年2月20日　初版第1刷発行

著　者　沖《おき》　幸子《さちこ》
発行者　辻　浩明
発行所　祥伝社《しょうでんしゃ》
〒101－8701
東京都千代田区神田神保町3－3
電話　03（3265）2084（編集部）
電話　03（3265）2081（販売部）
電話　03（3265）3622（業務部）
www.shodensha.co.jp
印刷所　堀内印刷
製本所　ナショナル製本

Printed in Japan　ⓒ2023, Sachiko Oki　ISBN978-4-396-31836-9 C0195

祥伝社黄金文庫

沖 幸子
50過ぎたら、ものは引き算、心は足し算
「きれいなおばあちゃん」になるために。今から知っておきたい、体力と時間をかけない暮らしのコツ。

沖 幸子
50過ぎたら見つけたい人生の〝落としどころ〟
無理しない家事、人付き合い、時間使い……。年を重ねたからこそわかる、そこそこ〝満足〟な生き方のヒント。

沖 幸子
50過ぎたら、家事はわり算、知恵はかけ算
美しく生きるための人生のかくし味
後半の人生は暮らしのダイエットのはじめどき。年を重ねても、気力溢れる豊かな日々を送るために――。

沖 幸子
50過ぎたら、お金は賢く、心はぜいたく
床にものを置くと、お金は貯まりません。お金も人も、大切に扱ってくれる人のことが好き。

枡野俊明
沖 幸子
片づけはほんのひと手間
掃除の極意を禅に学ぶ
禅の教え×ドイツ式片づけ術＝最強！ちょっとしたコツですべてスッキリ！

曽野綾子
敬友録
「いい人」をやめると楽になる
縛《しば》られない、失望しない、傷つかない、重荷にならない、疲れない〈つきあいかた〉のすすめ。